それでもゆるせる私になりたい

親と子が愛を求めて
もがき続けた58年

江崎英子

牧野出版

序文

人との出会いとはまことに不思議なものだ。

まったく予期せぬきっかけが、その後の決定的な関係となるといったことがある。たとえば、通勤で通い慣れた道を、ちょっとした気まぐれから外れてみたら、見知らぬ路地に誘い込まれ何やら気になる居酒屋に遭遇する。好奇心から入ったところ、妙に居心地がいい。はじめての気がしない。お勘定する頃には、すっかり馴染んでしまい、その後は我がお気に入りの常連店の一つとなる。

多少なりとも酒飲みや食通を自認する者であれば、同じような経験の一つや二つはあることだろう。

本書の著者である江崎英子さんと私の出会いもそうした「出会い頭」のようなものだった。もちろんのこと、江崎さんが「居酒屋」のような人物だ、という意味ではない。

二〇一〇年の秋に那須塩原で開催された「感性論哲学・思風塾の世界大会」の講師に呼ばれた私は、その前日、宿泊場所である旅館のロビーで数人の知り合いと話しに興じていた。そこへ、すっとした感じで訪れたのが江崎さんだった。彼女は、遠慮がちに私への二、三の質問をすると軽い談笑の後立ち去っていった。翌日の会が終わると、ふたたび講演会場で彼女を見かけたので懇親会に誘ったところ、たちまち打ち解けて気がつけば、前日に続いて熱い対話を繰り広げていたように記憶している。

その翌年、東京で開催された、映画「ＳＷＩＴＣＨ」上映会&講演会での再会を果たし、以来、江崎さんとは度々お目にかかることになるのだが、かねてよりお願いされていた岡山での講演が実現したのは、その数年後であった。そのおりのこと、前日の打ち合わせを兼ねた食事会がきっかけだったと思うが、そこではじめて、江崎さんの壮絶な人生の一端に触れることになったのだ。

彼女は人間関係の改善を目的としたカウンセリングや講座を生業としていて、そこにいたるには幼少期からの生育環境が大きな影響を及ぼしていたと話しはじめた。私は、いつしか彼女の語る筆舌に尽くしがたい――まるで映画かテレビドラマの世界のような――物語《ヒストリー》に聞き入っていた。もの心ついたときから実の父親の苛烈な暴力行為にさらされ、為す術もなく文字通り母子は、父から逃れるように暮らしていたという。

詳細は本書にゆずるが、母子に安寧の日々は訪れることはなく、けっきょく、高校生になった彼女が父親を義絶する、いや、父親を捨てたという形で一応の終結をみた。

話しはここで終わらなかった。けっして「ゆるす」ことのなかったその父親が三十年近くの時を経て彼女の人生に再び現れたのだ。果たして、彼女はあの父ともう一度会うのか、そして、「ゆるす」ことができるのか……。

奇妙な言い方になるが、彼女の「話者」としての魅力も相俟ってか、私はその物語《ヒストリー》に深く共鳴していた。これこそ、愛の根源とは何かを問う、いわば魂の救済の物語＝人生ではないかと。

私は迷うことなく直感にしたがい彼女に提案した。

「あなたは、いま私に語った自身の人生のことをぜひ執筆して本にしなさい」

以上が、江崎英子さんとの出会いの物語である。

私がヒト・レニン全遺伝子暗号解読に成功できたのは、まさに失意のどん底の時に中西重忠京大教授との偶然の再会がきっかけであった。ドイツのハイデルベルグの学生街のカフェという場所を考えれば、運命の出会いというしかない。あらかじめ定められた偶然、偶然という名の必然と言うべきか。江崎さんとの出会いもまたそうだろうと思っている。

爾来、江崎さんとの浅からぬお付き合いが続いているが、あれから、五年。ようやく、彼女は約束を果たしてくれた。

本書が多くの読者の魂に触れて、眠れるよい遺伝子にスイッチが入り目覚めることを願ってやまない。

村上和雄

それでもゆるせる私になりたい

目次

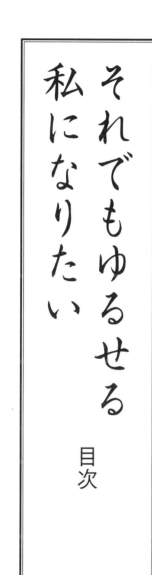

一部・愛と光までの道程

序文 …… 1
プロローグ …… 14
暴れる父 …… 16
包丁を隠す暮らし …… 16
父の実家 …… 19
両親の元へ …… 22
表面上は「いい子」 …… 24
高校野球 …… 28
母 …… 29
反抗 …… 35
夜逃げのような引っ越し …… 38
青春 …… 39

決別・絶縁……41

母として……45

結婚・子育て……45
理想の家庭・理想の子育て……46
親業との出会い……50
お母さんの幸せって何？……53
自分と向き合う……57
親子関係の変化……60
うまく行かないようにしてくれたのがありがたい……63
価値観の衝突……64
親業訓練インストラクター……69
岡山で親業訓練講座を開講……71
出会い、大切な仲間たち、恩人たち……73
東京のお母さん……75
学びの道……77

すべてが光に……79

電話……79
再会……85
最期の日までのおよそ7ヶ月……86
父の枕元で語ったこと……89
娘さんですね……91
臨終……96
葬儀……99
すべてが光に……103
村上和雄博士との出会い、ご縁……108
それからの子どもたち……113
人の本質は慈しみで愛である……114

二部・人間関係講座　受講生たちの事例集

取材がきっかけで出会い、今では親友に――119

うつ病を克服、人間関係の講座がライフワーク 126
みんながイキイキと自分らしさを輝かせて働ける福祉施設 141
普段の会話から、人を思いやれる気持ちを持った子に 145
子どもを信じ続けて真の自信を育む 150
娘の反抗が教えてくれた親子の深い愛 159
教育現場でていねいに一人ひとりに関わっていく 167
自分を愛し、愛を伝え続け、子どもとともに愛と幸せを広げる 175
炎上の心理を知ってＳＮＳやＷｅｂのコンサルタントに 190
人間関係が仕事の発展を後押しした 196
子育ての孤独を乗り越え、子どもたちの幸せのために 200

あとがき…… 216

それでもゆるせる私になりたい

――愛を求めた親と子がもがき続けた58年

装丁　緒方修一（ラーフイン）
題字　うりゅ坊
本文ＤＴＰ　システムタンク

一部・愛と光までの道程

プロローグ

平成19年夏。その電話は突然かかってきました。

「岡山市の福祉事務所です。秋山久志さんの娘の英子さんですね。あなたの親戚の方があなたを捜しておられます。あなたのお父さんが現在入院されていて、余命1週間くらいだそうです。会われますか？」

父と聞いただけで体が震えました。住み慣れた自宅のリビングが一瞬にして、まるで別の空間になったかのようでした。

父は末期がんでした。余命1週間、会いたい気持ちはなかったのですが、これを逃すと生きている父とは一生会えない。しかし、会うのは怖い。28年前に絶縁した父。生きている間は会わないと決意した父。

どうしよう……と思いましたが、父の命が終わりを迎える前に、あることを伝えようと決意して、病院のＩＣＵを訪れました。

28年ぶりの再会でした。

ベッドに横たわる年老いた父。鼻や口には管が差し込まれ、点滴でかろうじて命をつないでいるように見えました。無力な死にゆく老人……しかし、それが父だと認識した瞬間に、反射的に私は体も目も背けてしまいました。

怖い……自分の中にまざまざと蘇る恐怖。

父の暴力の絶えなかった日常、恐れと不安と寂しさの中で暮らしてきた子どもの頃の思い出したくもない日々が蘇りました。

暴れる父

包丁を隠す暮らし

ガシャーン！　大きな音が響きました。

突然、意味不明の叫び声をあげて、家の椅子やテーブルを持ち上げては叩きつけている父。こうなると父は見境がなく、手がつけられません。

私たちの家や母の大切な店が、父の手で壊されていくのを、小学生の私はただ見ているしかありません。

父は暴れる場所を選びませんでした、そのせいで、勤めていた仕事も解雇されました。母が営み自分が手伝うこの店が、我が家の唯一の収入源だというのに、父は怒りで我を忘れて、その大切な店を破壊しているのです。

破壊の限りを尽くす父、やめてと懇願する母の声が、物が壊れる音でかき消されます。声も出ないほどおびえる母。

母はケガをしていないだろうか。心配で胸がチクチク痛みましたが、子どもの私が出て行ったところで、火に油を注ぐだけです。私は部屋の隅で、できるだけ小さく体を丸めていました。

父は突然キレて、見境なく暴れる人でした。

大声をあげて物を投げ、ところ構わず破壊、人と物との区別がつかないほど逆上して手が付けられませんでした。

ある時私がテレビを見ていると、父は突然立ち上がり、いきなりテレビを持ち上げると壁に投げつけました。今のような薄型ではなく、重くて大きい昭和のブラウン管テレビです。間一髪で避けましたが、もし当たっていたら大怪我をしていたところでした。当然テレビは壊れてしまいました。年末の出来事で、その年の大晦日の紅白歌合戦は見られないと私が悲しんでいたと母は今でもよく口にします。

火のついたダルマストーブを投げつけている父を見たことがあります。火事になるのではないかと怖かったのですが、それより、人間が激高するとあんな熱い物を素手で持ち上げても平気なのかという、驚きと恐怖が大きくて呆気にとられてしまいました。

熱湯の入ったヤカンを投げつけられたこともありました。ヤカンそのものは避けられましたが熱湯は避けきれませんでした。熱湯は私の腕にかかり、大やけどを負った私は、母に連れられて救急病院に駆けつけ治療をしましたが、数ヶ月もの間、包帯をしていました。やけどはケロイドになり、その後大人になるまで左手には痕が残りました。

父を怒らせないよう気を使うのは無駄な努力でした。本人には本人なりの理由があったかもしれませんが、かーっとなって人格が変わる。本人以外にはどこでどう暴力になるのか全く見当がつきません。

両親と暮らし始め、最初のうちはただ驚き、恐怖におびえていましたが、暴れる父にもやがて慣れました。慣れというのは良くも悪くも実に不思議なものです。

私の母は暴れる時の父の顔を「阿修羅のような」「鬼のような」「蛇が獲物を見つけたような」と表現しましたが、私自身はその顔を見ていません。自分の方に飛んでくるものを避けるだけで精いっぱいでした。

その頃、遊びに行った友達の家の台所で私は「おばちゃん、台所に包丁を置いておくと危ないよ。包丁は隠しておかないと」と言ったことがありました。

我が家では、父が持ち出して振り回さないように、母は包丁を押し入れの布団の間にタオルにくるんで隠していました。友達の母親が私の言葉に驚いて、まじまじと私の顔を見た表情に「包丁を隠すのは当たり前ではないのか、うちは他の家とは違うんだ」と思ったことを覚えています。

父の実家

私は昭和37年生まれ。物心つく前から叔父の家に預けられ、7歳までそこで育ちました。父と母は見合い結婚でした。母だってそんな人だとわかっていたら結婚するわけはありません。結婚する前に母なりに相手のことを調べましたが、悪く言う人はいませんでした。

父の実家の秋山家は、叔父の代からの政治家で、かなりの権力者でした。その家では、暴れる父の存在はある種のタブーになっていました。政治活動に影響が出ないよう、すべてを隠して、押しつけるように母と結婚させたのでした。

結婚して数ヶ月も経たないうちに、化けの皮は剥がれました。

見境なく暴れる父に、母は離婚を考えましたが、すでに妊娠していました。母は「これでもう別れられなくなった、私の人生は終わった」と絶望したと私は後に聞きました。

それでも「子どもができれば人は変わるとよく聞く。この人も変わるかも知れない」と一縷の望みを掛けて私を出産しました。私に「生まれてきた子はともかく愛しかった、かわいかった。命に替えても守り育てたいと思った」と母は話してくれました。

しかし、父は全く変わることがなく、相手構わずあちこちでトラブルを起こし続けました。もともとあまり体が丈夫ではなかった母は、心労と生活苦で体を壊して病に伏し、入退院を繰り返すようになりました。それで私は父の実家（叔父の家）に預けられたのでした。叔父の家は「宮本武蔵の里」として知られる美作《みまさか》の近くの柵原町《やなはら》（現美咲町）にありました。岡山市内から車で1、2時間、自然豊かな田舎町です。

叔父は戦時中、特攻を志願した人でした。お国のためにと命も人生を捧げるのが日本男児の誉れとされた時代です。しかし祖父は「親より先に死ぬことを決意するとは、親不孝者を育ててしまった」と嘆いたそうです。終戦があと1週間早かったら、叔父は確実に特攻隊として戦死していました。

復員して実家に戻った叔父は「あの戦争は間違っていた。平和こそが素晴らしい」と訴えるために政治の道に入った、と私は聞いています。

平和を語る政治家の家で、幼少期の私はごく平和に暮らしていました。

叔母は優しく、従兄姉たちとは仲良く遊んだりケンカをしたりしながら、本当の兄と姉、妹のきょうだいのように育ちました。

叔父の家は、政治家という職業柄、人の出入りの多い家でした。

週末になると、父母が柵原町の叔父の家に来ました。両親は1泊して、岡山市内の家へ戻りました。

後に母から聞いたのですが、両親に会えて喜ぶ私を見た叔母は「あんなに英子をかわいがっても、やっぱり母親には勝てんな。お母さんは誰よりもいいんじゃな、大好きなんじゃな」とつぶやいていたそうです。

5歳上の従姉は、私に妹のように親しく接してしてくれました。私も「お姉ちゃん」と呼んで懐いていました。

彼女が子どもながらに「平和とは」「人を差別してはいけない」「平等とは」「世の中は」「社会は」「権利は」「人権は」などとよく語っていたことを私は覚えています。

これは先の話ですが、数十年後、従姉は叔父の後を継いで政治家になりました。私も、もしあのまま叔父の家にいたら政治の世界に入っていたかも知れない、と思うことがあります。時々、周囲の人からもそう言われることがあります。

政治家として平和や人権を語りながら、なぜ暴力を振るう父を母に押しつけ、母の困窮を何とかしようとしないのか。なぜ私たちの生活を、何より精神面の苦痛を無視し続けていたのか。なぜ、父を根本から立ち直らせようとしないのか。言っていることとやっていることが違うのではないか、と叔父の家に暗黙の了解としてある矛盾と理不尽さに私が気づいたのは、それからずっと後のことでした。

両親の元へ

「あんたが育てられんかったら英子はウチがもらう。子どものできない娘（父の姉）に育てさせる」

私の祖母は、嫁つまり私の母に言い放ちました。

「暴力を隠して夫を自分に押しつけた人たちだ、やろうと思えば子どもを取り上げるくらいのことはする」と母は思いました。それから必死になりました。

「娘を取られたらいけんから、元気になって働かんといけん、我慢せんといけん。自分がしたのと同じ思いだけは娘にさせてはならない。養女に出されたあのつらさを味わわせたくない」

その甲斐あってか、母の病は治り、小学校入学をきっかけに、私は両親の元に帰えされることになりました。

本来なら、4月に両親の元に帰えされて、岡山市内の小学校に入学する予定でしたが、私は9月の半ばまで棚原の叔父の家にいました。美作の小学校は学年の人数がたった10人ほど。ひとり抜けるとクラスが複式学級になり学校が縮小されてしまうので、とりあえず入学だけしてくれという町からの申し出でした。預かってもらった立場です。頼まれれば母も嫌とは言えません。

9月の後半。全員が顔見知りという田舎から、学年3クラスもある街中の小学校へ転校しました。

「小学校ってこんなに人が多いんだ。こんなに広いんだ」と、私は驚きました。

しかし臆することはありませんでした。人の出入りの多い政治家の家で育ち、人見知りをしない性格になった私は、どこにいてもすぐに友達を作ることができました。

両親の家に戻りしばらく暮らしたある日。

「痛い痛い、お腹が痛い」

脂汗を流して痛がる私を見て、母親はただごとではないと思いました。原因不明の腹痛。しかし近所の小児科、内科でも原因はわかりません。泣いて痛がる娘を抱いて、岡山大学医学部の小児科にかかると、思わぬ診断が出ました。

「十二指腸潰瘍ですよ」

私は当時7歳。十二指腸潰瘍の患者として岡山大学附属病院で最年少記録を作りました。

医師は原因を「精神的ストレス」と告げました。幼かった私は言葉の意味を理解できませんでした。

検査だけして帰されました。当時、小学校低学年の子どもの治療に使える十二指腸潰瘍の薬はなく、治療は食事療法のみでした。そのため私は2年ほど母親の作った弁当持参で学校に通っていました。

表面上は「いい子」

自分で振り返ってみても、小学生時代の私はとてもよい子でした。素直で、大人しくて、きっちりしていて、大人を困らせない、勉強もできる、いわゆる優等生。

熱心に勉強をしていたのは、学校が大好きで、勉強も大好きだったからです。その理由は、学校に行っている間は家のことを忘れられるから。学校の友達にも、先生にも、家庭内の悲惨さは何一つ語ることなく、無意識のうちに明るく振る舞っていました。

「今日もお母さん大丈夫かなぁ」──家に帰る時、玄関のドアノブを持つ手が固まり、ノブがとても重かったことが記憶に残っています。父と残されている母親を心配しながら、そっと家のドアを開けていました。

母親が心配、でも父がいる家にいたくない、学校は楽しい、勉強は面白い、家に帰ると憂鬱になる。だからずっと学校にいたかった。そんな小学生でした。

父は、どこに行っても暴れたり、トラブルを起こしたりして、仕事が長続きしませんでした。

友人と作った会社の役員は少しは長く続いたようでした。学校の授業などで用いる教育用映画を作る会社で、反戦映画や児童映画の制作も手がけていました。しかしそこも、私が小学4年くらいの頃に、父の幼なじみでもある社長が家に来て「暴れるからもう辞めてくれ」と退職させられてしまいました。

何の予兆もなく豹変して暴れる父を見て、私は「人は何を言っていても、どうなるかわからんよ、本性は……」という諦観を身に付けました。幼いながら、人は怖い、人は信じちゃいけない、感情を表に出してはいけない、という感覚が染み付いていました。

母はいつも働いていました。母の内職の納品をした帰りに、そのお金で晩ご飯のおかずの材料を買うような生活でした。

母はいろいろな商売をしていました。食堂、文具店、手芸品店、クリーニングの取次店などなど……それは、自分で何かやりたいという意欲からではなく、勤めが続かないからです。

母がどんなところに勤めても、いつも父が「帰りが遅い」だの何だの、理不尽な理由をつけてはことを起こしたため、しかたなく辞めざるを得なかったのです。

結局、勤めがままならないと悟った母は、私が小学校5年生の頃にラーメンなども出す食堂を始めました。

店の手伝いは楽しかった。人と関わるのは、なんとなく面白いという感覚を覚えています。学校では優等生、家では店で手伝いながら、笑顔で愛想よく「いらっしゃいませ」と言う。どこの誰からも、私はとてもよい子に見られていたようです。

私は当時の感情を、今でも全く思い出せません。寂しかったのか、辛かったのか、悲しかったのか、苦しかったのか……感情をひたすら殺して生きていたのだと思います。子どもにとって当たり前の感情を感じると生きていけなかったのかもしれません。

苦労する母に対しては「お母さんつらそう」そう思うと同時に「私がいなければ母はこんなに苦労することはないのに…」とも思っていました。

何のために自分は生まれてきたのか、なぜ生きていくのか、もし、それを考えたり、感情を感じたら生きていられませんでした。自分を守るために感情を閉じて、感情にフタをして生きる、それが当時の私が習得した「生きるための知恵」だったと、今、思います。

自分の生きる意味や生きている価値を考えたり、どう生きていけばよいのかを考えるより、ただ、強くなろう、しっかりとしよう、明るく振る舞おうとしていました。

ご飯は一緒に食べていたし、普通に会話をすることもありましたが、父の肩を叩いたり、肩車をしてもらったりという、いかにも父と娘らしいふれあいは記憶にありません。ましてや、膝に座ったり、抱っこしてもらったり、手をつないだり、父に甘えた思い出はひとつもありません。

当時は気づかなかったのですが、今から思えば、会話も表面的なものでした。当時の私は、学校や友達の話をしながら「心配かけないように」「ことが起きないように」とだけ念じていました。そして「こう言えば母は納得するだろう」「父は怒らないだろう」という表面的な会話で両親に接していました。

それが本当の強さではなく強がりだったことにも、本当の明るさではなく見せかけの明るさだったことにも、幼い頃の私は気づいていませんでした。

父のような大人にはなりたくない、父のような人とは結婚しない。母のような人生は歩みたくないという気持ちが芽生えたのは、この頃からだったのかもしれません。

感情にフタをしていたおかげで、悲しい、辛い、苦しい、寂しいという気持ちはなかったのですが、楽しい、嬉しい、安心という気持ちもほとんど持てませんでした。

それでも救いはありました。外で遊んでいると、近所の人が「英子ちゃん頑張っているね」と声を掛けてくれました。周囲の大人が温かくしてくれて、優しい友達にも恵まれていました。

高校野球

好きなもの、好きなことが全くなかったわけではありません。小学校5年生の時に、私は高校野球に出会い、夢中になりました。

どこか冷めたところのある子どもだったから、9回裏のツーアウト、凡打で球は捕られているのに一塁に一生懸命に走り込んだり、勝ち目が全くない局面でも全力でベースに滑り込み泥だらけになったり、また悔し涙を流す様子にも「負けることはわかっているのに必死になって、この人たち、どうしちゃったんだろう?」と思っていました。

けれど、ある日何気なくテレビで見た高校球児たちの姿に釘付けになりました。

「なに、なにこの風景、こんな世界があったの?」

甲子園で最後まで一度も悔しい思いをせずに終われるのは優勝チームだけ。選手は数名のみ。宝くじで当たるより難しいのではないかと思います。なのに何万人もの球児がそこを一生懸命目指して日々練習に励んでいるのです。どんな弱小チームでも、練習を重ねる選手の情熱、予選のコールド負けですら最上級生は最後の夏と言って大粒の涙を流す。仲間たちの信頼、団結、一丸となって応援する人々の愛。球場で一球に注がれる情熱と祈り、そして9回裏ツーアウトで起こる奇跡の大逆転劇もあります。「野球は9回裏ツーアウトから、人生も……」「人間って、諦めなかったら奇跡すら起こせるんだ！」「すごい！ それを信じて、祈り応援する人もすごい！」と私は高校野球を見ながら感動していました。

送りバントや犠牲フライなど、仲間と未来を信じて自分を犠牲にする姿。犠牲になって次につないだら嬉しそうな表情で喜ぶ姿にも胸が熱くなりました。

「高校生になったら野球部のマネージャーになろう」と心に決めて、小学生の頃から、高校野球を見る時はスコアブックをつけていました。

今から思えば、高校野球には私の求めていたものがあったように思います。暴れる父と病弱な母の間で「こういうものだから」と諦めて生きていた私は、愛の奇跡を求めていたのかもしれません。

母

父が夜出かけていない時には、母と二人で「今日は平和だね」「ゆっくりお風呂に入れるね」などと話していたことを思い出します。

もともと病弱で、私を7歳までは育てられなかったほど体の弱かった母は、生計をたてるために、いくつも商売をし、働き通していました。

父との苦労続きの生活がたたって、何度か入院をしたこともありました。私は幼心に「この母は、生きていけるんだろうか」「この母に心配をかけたら可哀想だ」と思っていました。

母は昭和14年10月4日、第二次世界大戦の足音が近づいてくる時代に産まれました。名前は登志子。誕生年と誕生日も10（トウ）・4（シイ）だからと。「戦火が激しくなる中、この子の誕生日のお祝いはやりにくくなるだろうから、せめてこの子の命が誕生した記念の日には、生まれたこと、成長していることを家族で祝う心ではいよう。せめて我が子の誕生日は忘れないでいよう」と母の父がつけたのだそうです。産まれた年月日を名前にした登志子という名前には、親の愛情が込められています。

しかしそれは叶わず、祖父は戦争で亡くなりました。本来は天皇陛下の近くにいるはずの近衛兵だった祖父は、戦火が激しくなり、情勢が厳しくなってきた終戦の直前に駆り出され、南方戦線に向かうことになりました。船に乗る前に一目会っておこうと、家族は面会に訪れました。

「お前たちと会えた。よかった」

嬉しそうな微笑みが最期の姿でした。彼の乗った補給船は南方戦線に向かう太平洋沖で米軍の攻撃を受けて沈み、乗務員全員が戦死しました。

父の乗る船は予定より1本遅い船に変更になっていました。当初の予定の船に乗っていれば無事に帰って来られただろう、と家族は後で聞きました。

戦地に赴く直前に書いた手紙には「登志子を頼む」とあった、と私は後に母から聞きました。

戦死の知らせを聞き、疎開地の宮崎から大阪まで出向いて受け取った骨壺には、何も入っていませんでした。

それもあって、母は長い間、父親の死を信じられませんでした。母は辛いことがあるたびに「お父さんさえ生きていてくれたら」「お父さんは帰って来るかも知れない」と思いながら生きてきました。

最近まで、テレビなどで兵隊が戦争から帰還するシーンがあると、母はチャンネルを変えていました。無念さをひとりで心に抱えて「この人はいいよね、お父さんが戻ってきて。お父さんが生きて帰ってきてくれていたら、私はあんなに苦労しなくてすんだのに」と思うと、生還する兵士の人、それを喜ぶ家族の姿を見ていられなかったのだそうです。

戦争中から戦後にかけて、母たち残された家族は大阪、疎開先の宮崎などあちこち転々としました。言葉の違いもあっていじめられることも多く、辛い毎日でした。

母とその弟妹、幼い子どもたちは戦争孤児になりました。大黒柱を失った家庭の生活は困窮し、母は小学校1、2年生の頃に、遠縁の親戚に養女に出されることになりました。

9月のある日、大阪から列車に乗った幼い彼女は、にぎやかな都会から田舎へと、だんだん寂しくなっていく車窓の景色を眺めて、とても心細い思いをしたそうです。

今でも、母は秋になると家族と離され、養女に行かされるために乗っていた列車の車窓を眺めていた日の、あの辛い寂しい気持ちを思い出して「秋は嫌い」とつぶやきます。

着いたところは宮本武蔵の里にほど近い、岡山の温泉地・湯郷の近くの林野。料亭を営む家でした。

幼い母が「家に帰りたい」と大泣きに泣いたことがありました。周囲の人々は散々なだめすかし、大阪から彼女が懐いていた叔母までもが説得にやってきました。

「あの時ワガママを言って叔母さんに連れて帰ってもらっていたら、違う人生だっただろうに」と後に母はつぶやいていました。

「子どもができないから」と養女になったのですが、それから1年後に、養家に跡取りとなる男の子が生まれ、請われてきたはずの幼い母は疎まれるようになりました。

それでも養父母のしうちに耐えて暮らしていました。しかし悪いことに数年後、養父が事故で負傷し、料亭の経営は傾き始めました。

高校生だった母は学校を中退し、大阪で就職して仕送りをするようになりました。

大阪で付き合っている人もいましたが、養家から帰ってくるよううながされ「育ててもらった恩があるから」と泣く泣く別れて、林野に帰ってきました。

でも帰ってきても居場所はありません。「こんな家を出たい」と自暴自棄のようにお見合い結婚をした相手が、私の父となった人でした。

母は家族と縁の薄い人でした。養女に出されてから、実の母親とはそれきり会えずじまいでした。私がずいぶん大きくなってから「もう亡くなっているよね、どうしているかわからん」と無表情でつぶやいていました。その後、何かの必要で戸籍謄本を取り寄せた時、自分の母親がすでに死亡していたことを知ったそうです。

弟妹とは多少の交流がありましたが、妹は水商売で働き続け、肝臓を患って入院してひとりで亡くなりました。弟も、経営する会社がうまくいかなくなり自殺。奥さんから「亡くなりました。お葬式もすみました」という連絡があったのを私も覚えています。

誕生日を忘れないでいてやりたい、家族で祝ってやりたいと登志子（誕生年と誕生日も10（トウ）・4（シイ）だから）という名前をつけられたのに、誰にも祝ってもらえず……それどころか血のつながりのある家族を看取ることさえできずにこれまで生きてきた、それが私の母の人生でした。

私が子どもの頃に、母が父と別れなかったのはなぜだろう。

今から50年以上前の当時、ＤＶに対する理解は低く、そういった言葉さえありませんでした。もちろん、シェルターなどの支援も充実していませんでした。離婚に対して社会はまだ風当たりが強かったのですが、やろうと思えば不可能ではありませんでした。別れなかった理由は、養家にも、父の実家にも「あんな男が家に来られたら困る」と言われて行くところがどこにもなかったからか。

自分の子どもを父の実家にとられるならば、暴力に我慢していた方がマシだと思っていたのか。

暴れる父と耐える母は心の奥底でどこか通じ合っていたのか。

いくら暴力を受けても、別れなかった理由は何なのか。何度質問しても、理解しようと考えても、本当のところはわかりません。少なくとも私は父と母がいて、私としてこの世に存在しているのは確かです。

反抗

「こんな生活、おかしいんじゃない?」と気づき始めたのは、中学3年、思春期、反抗期の頃でした。

私は時折、はっきり父に反抗するようになりました。

「お父さんの話は筋が通らない、間違っている」

「何だと!」

政治家の家で幼少期に育ち、学んだ知識と体験で、私はその年頃にしては、かなり理屈っぽく語る人間になっていました。

父は中学3年生の娘に論破され、余計に切れて暴れました。

母は私に「黙っていて」「頼むから大人しくしてくれ」と、懇願しました。

暴れる父、反抗する娘、その間でおろおろする母。毎日が修羅場でした。

「なんであの人と一緒にいるの。なんで別れないの⁉」

私は母を責めました。母は弱々しく、健気に答えました。

「……あんたのためだ」

「私のためを思うなら、あんな父とは別れてほしい」

「それはできん。あんたを父親のない子にはしたくない。私のような思いをさせたくはない」

母は、戦争のために親を亡くして、養家で苦労した自分のような思いはさせたくない、あんな父でも、いないよりいい。両親が揃っていることこそ幸せと考えていました。

しかし、私は戦争を知らない。戦争孤児の悲しみを本当のところでわかってはいない。あんな父ならいないほうがいいと思っていました。父と別れないのが私のためならば、父の暴力にさらされる生活から抜け出せないのは私のせいになってしまう、それは辛い、情けないと思っていました。

今、心理学や人間関係に関わる職業に携わる私だからわかること、気づいたことがあります。父と母は「共依存」の関係になっていたのかもしれません。

どちらも弱い、寂しい人でした。

甘えたい時期にしっかりと甘えられて、愛ある自立をした人ではなく甘えたい時に甘えられず、孤独な自立をしてしまった人たち。

特に父は、暴力を振るうほど弱かったのです。「弱い犬ほどよく吠える」といわれるように、弱くて寂しい人ほど、強がって暴力を振るいます。いわゆる自己表現力に乏しい人です。

弱い人は心の奥底にある「辛い」「苦しい」「悲しい」「寂しい」といった気持ちをゆるせないのです。認められません。ゆるして認めてしまうと、自分が壊れてしまう。だから自分自身の内面から目をそらし、虚栄心から相手を支配することを好みます。父の場合はその手段が暴力でした。相手を支配するために、権力や財力を使う人もいます。

母も弱い人でした。母はそんな父に対して毅然と振る舞うことができませんでした。自尊感情、自己肯定感が薄かったと理解しています。ビクビクとおびえるだけで父の暴力を受けるだけでした。

心がたくましく、優しい人は自分を尊重しつつ、相手も尊重し、お互いに対等な関係で支え合い、譲り合えます。しかし父も母も自分と相手を尊重できませんでした。自分の軸の確立、いわゆる本当の意味での自立ができていなかったのでしょう。ゆえに共依存の関係に陥ってしまった。

もし父の内面に自己肯定感が育っていたら、暴れることもなかったでしょう。

もし母の心が強くて甚大な愛情で父の弱さを受け入れていたら、父も変われたかもしれません。

本当に強い人は優しい。愛する者へ本音を語れる強さ、自分の弱さを見せられる強さ、寂しい、辛い、苦しい、悔しいの感情を伝えられて、甘えたい、助けてと言える強さ。弱さを表出できるその強さがあるがゆえに、人に優しくなれる。

両親は自分も他人もゆるし、受け入れることができませんでした。それは、戦争が残した大きな傷あとのひとつであると私は認識しています。

夜逃げのような引っ越し

私は16歳になっていました。岡山市内の進学校に通い、家では母の店を手伝い、父の暴力におびえる日々が続いていました。

ある夏の夜、母が突然言いました。

「これから、夜中にこの家を出るから、急いで荷物をまとめなさい」

嬉しいという感情はありませんでした。残念だとも、ほっとしたとも思いませんでした。なぜか不安もありませんでした。この時もどう感じたのか、感情の記憶がありません。ただ淡々とした気持ちで、手だけが素早く動いて、教科書、衣類、そのほか必要な物をカバンに詰めこみました。

母が直前まで私に黙っていたのは、私の態度から父親が気づいて取り返しのつかないことになるのを恐れてのことだったでしょう。

さらに父方の親戚からの「もし別れるなら、英子はうち（秋山の家）が引き取る」という言葉もありました。誰にも悟らせず、娘を手放さないために、母はひとりで虎視眈々と準備を進めていました。

夜逃げのように車に乗り込みました。その夜のことは今でも鮮やかに思い出せます。翌日の明け方、ひとまず母が内密に借りていたアパートへ。それから、しばらくそこでくらしたのちに、母は自分が育った大阪へ。私は母の知り合いの家へ数ヶ月預けられ、しばらくの間は母の妹の家や知り合いの家などを転々として暮らしました。

父や父方の親戚に見つからないよう、住民票も移しませんでした。

青春

そんな私たちを見かねて、救い主が現れました。今も母と暮らしている義父です。

義父は、もともとは母のラーメン店のお客さんでした。当時50歳くらい。奥さんを早くに亡くし、男手ひとつで二人の子を育てあげ、私たちと出会った頃には、すでに娘は結婚、息子は就職のため家を出ていて、当時はひとりで暮らしていました。

義父はまず母を、次に私を呼び寄せ住まわせてくれました。「親子を引き離すなんて可哀想なことは絶対にさせられない」と、実の父や秋山家の親族に見つからないよう配慮してくれたのです。

今、振り返ってみて、この暮らしで私は初めて「親の愛情」を感じることができたように思います。

父親の暴力におびえない、学校でいい子の仮面をかぶらない、ごく普通の高校生として、私は普通に、いや普通以上に遊び回りました。

友達と当時流行のディスコに行ったり、喫茶店で長時間話したり、好きなミュージシャンのコンサートに行ったりと、今までできなかったことをやりました。毎日が楽しかったのですが、親はこの頃の私の子育てに悩み、苦労していました。

義父とはよくケンカしました。私が本当に安心して反発、反抗できた大人は義父が初めてでした。

普通の反抗期の子として、感情をぶつけ、受け止めてもらうことで、私は救われたと今は思っています。

私たちは本当の親子のようになりました。

義父の家に私は結婚まで住んでいました。義父と母は本当の夫婦のようでしたが、いわゆる内縁関係でした。入籍したのは私が結婚した後でした。父や父の親族に知られるのを恐れたのと、私の姓が何度も変わるのが忍びないと入籍を先延ばしにしていたのです。

決別・絶縁

ガシャーン！　ガシャーン！

深夜に響く大きな音に「何事だ」と義父が飛び起きた時には、縁側のガラスはすべて割られていました。

割れたガラスの散乱する玄関に仁王立ちする実父。その片手には木刀、もう片方の手には抜き身の日本刀を持っていました。刀が玄関灯に不気味にギラリと反射しました。

正気の沙汰ではない姿と状況に足がすくんで、母と私は見ているほか何もできませんでした。

「うおおお」

奇声をあげて飛びかかろうとする実父を、義父が玄関にあった大きな陶器の傘入れを盾にして止めました。

実父は、義父の力で、あっという間に押さえ込まれてしまいました。すると、あの恐ろしい姿だった人が急にしゅんとして大人しくなり、しおしおと義父が呼んだタクシーに乗せられ、帰っていきました。

「なんで警察を呼ばないの、なんでタクシーを呼んであげて、代金まで払ってあげて帰らせてあげなきゃいけないの⁉」

110番しようとした私を、母と義父は止めました。

「あの人を犯罪者にしようと思ったら簡単だ。今までだって何度でもやろうと思えばできた。しかし、お前の父親を犯罪者にするわけにはいかん。お前を犯罪者の娘にはできん」

その言葉に私は
「お義父さんとお母さんが何もしないなら、私がやる！」

と返していました。

翌日、私は警察に被害届を出しました。

義父も母も私の将来を案じて、私のためを思って動こうとしないならば、この人並みで平和な生活を守るためには、私が動くしかないと思いました。

父は逮捕されました。取り下げるようあちこちから言われましたが、私は断固として取り下げませんでした。

離婚してから数年経っている父と母、家庭裁判所は父の面接交渉権を認めず、私は実の父とも、父方の親戚とも絶縁することになりました。

もしも、私が以前のように、大人の心を読んで望む通りに行動する「いい子」のままだったら、実父を訴えるようなエネルギーは出せませんでした。

しかし義父と母が再婚して、義父や周囲に人達が私の反抗を受け止め、愛してくれたおかげで、私は「いい子」の仮面を外すことができました。

友達と青春を楽しみ、やっと人並みに暮らせて「私として生ていこう」という気持ちを取り戻しつつありました。それを実父がぶち壊しに来たのが、私には耐えがたかったのです。


裁判の終わった直後、父から自宅に電話がありました。受話器を取ったのは私でした。

「まさか、娘に訴えられるとは思わなかった」

弱々しく話す父に、私は冷たく「自分がしたことでしょう」と答えました。

「生きてる間には、私はあなたには二度と会いません。私は、母と自分のこれからの平安な暮らしを守っていきたいから。

でも娘だから、あなたが亡くなった時には連絡が来るでしょう。その時にはお線香くらいは上げに行きます。

それでも血のつながっている娘だから、どうしても会わなければいけないことは起きるかもしれません。

その時には、あなたから来ないでください。会う必要があることになれば、私の方から会いにいきます」

二度とあなたには会いません、というのが、私が父に放った最後の言葉でした。

私は一生父には会わないと決めていました。

しかし、父は私の言葉を都合よく解釈していました。父の都合のよい解釈については後の方で語ります。

母として

結婚・子育て

高校を卒業し、18歳で就職、会計事務所で働きました。

数字には嘘偽りがないから、借方貸方、ぴたっと合ってスッキリします。確定申告や決算時期は忙しかったのですが、仕事は楽しく、何も考えずに夢中になって働き、よく遊びました。

当時は、きっちり帳尻が合う、目に見える数字を扱っていて、その数十年後の今は、全く帳尻の合わない真理、目には見えない心に関わる仕事をしているのです。人生とは不思議なものだなと思います。

結婚したのは1986年9月23日。8月生まれの私は、24歳になったばかりでした。

当時の私の理想は、真面目に働き、優しくて家庭的で、経済的に一生安定した生活を送れるようにしてくれる、すなわち実父と正反対の人。お見合いで出会った夫は、まさに当時の私の理想を絵に描いたような人でした。

結婚してしばらくしてから、母に電話でこんな報告をしたことを覚えています。

「うちの旦那さん、すごいよ。給料袋そのまま持って帰るよ」（当時のお給料は現金手渡しが主流でした）

「それはありがたいことだね。めったにないよ」と母は喜びました。

私はやっと世間並みの家庭が持てた、と思いました。

理想の家庭・理想の子育て

私は愛情にあふれる、幸せな家庭が作りたい、幸せな立派な子を育てたい、と願っていました。しかし私自身が育った家の状態があの通りでしたから、常に幸せの実感が持てずにいました。本当のところ幸せが何かわからないままでいました。

だから幸せな家庭とはどんなものか、人の話を聞き、本を読み、考えました。自分の中で理想の家族をイメージし、それを目指せばよいのだと思いました。理想通りになることが幸せと勘違いしていたように思います。私は「幸せ」というものは、理想を掲げて目指し、作っていくものなのだと信じていました。

幸せな家庭を作らなければと気負い、常に理想を求めていたせいで、今、ここに生きていなかったのです。だから、今、ここにある幸せも感謝も感じられていませんでした。今、ここにある「幸せ」は、作るものではなく、ましてや誰かにしてもらうものでもなく、今ここに生かされていて今が在ることに感謝できる、幸せであることを感じるものなのだ、と気づいたのはずっと後のことでした。私は、それを、さまざまな苦悩・苦難を体感して、また、人生の師達から学びました。

当時私が思い描いていたのは、父と母が揃っていて、家族が仲良く、笑顔が絶えない、経済的余裕があって生活の不安がなく、世間様に迷惑を掛けることもなく、人に後ろ指をさされず、嫌われず、安心して過ごせる毎日。

そして、みんなから愛され、勉強ができて、社会に出てからもしっかり稼いで、自立していて、立派に生きていける常識的なよい子を育てるべき……。

娘が生まれたのは1989年12月21日。流産を幾度か経験して、やっと授かった赤ちゃんでした。難産で3日間分娩台にいました。生まれてきた子は生命が危ないと言われ、保育器に3日間ほどいました。

我が子を抱いた瞬間は、本当に心からを喜び、感動しました。生まれてきてくれて、出会えて嬉しい、人はこれほどまでに誰かを愛おしいと思えるのか、生まれてきてくれてありがとう。感謝の気持ちでいっぱいでした。

しかし、その喜びも束の間、退院してすぐに私は産後鬱のような状態になりました。当たり前ですが、赤ちゃんという存在は「〇〇すれば△△になる」とは限らないもので「〇〇しても△△にならない」ことばかり、苦痛の日々でした。ちゃんとよい子を育てなくてはというプレッシャーで、日々の育児に必死になりすぎていました。

子どもはみんなに愛され、学識や常識を身に付け、人に迷惑をかけないように、後ろ指をさされないように育ててあげられて、社会へと巣立っていく。幸せな家庭を築くために、男の子は立派に家族を養っていけるように、経済的安定を確立して、女の子はいいお嫁さんとして選んでもらえるように、二人とも、ちゃんと、きちんと、しっかり、いい子に育てよう。そう思っていました。

そして愛情の実感がなく、幸せな家庭の体感もない私は「そうしたい」が「そうでなければいけない」に変わり「それ以外は認められない」になっていきました。

当時の私が、子どもたちに言い続けた言葉は

「わがまま言わないの！」「我慢しなさい」「そんなことを言ったら、人に嫌われるよ」「こんなことをしたら、人に笑われるよ。恥ずかしいよ」「そんなことしたら、あの子に悪い

でしょう」「将来、困るよ」「あなたのために」「きちんと挨拶しなさい」「ちゃんと勉強しなさい」「約束は守りなさい」「自分でしなさい」「優しくしなさい」「言いたいことばかり言わないの」「やりたいことはすべきことをしてからやりなさい」「決まりだから」……

つまり、あなたが感じているよりも、決まりごとや常識、人の感じていることを優先しなさい、誰からも、嫌われないようにしなさい、大切なのは常識・世間体、体裁というメッセージでした。

自分が自分らしくあり続けることを否定して、私は自分の家庭や子どもたちを自分の理想、すなわち自分の描く「幸せ」という名の枠にはめていこうとしていました。

これも今から思えば私自身に「幸せ」「愛情」「温かい家庭」の実感がなかったからだと思います。価値観が確立されていない、すなわち自分の軸、心棒がしっかりしていなかった私でした。

しかし願っていたのは、自立して意欲と思いやりのある子、優しくたくましく自分には自信がもててその子らしく幸せに……。

私は娘を愛情深く育てているつもりで、ありとあらゆる、本人が望んでもいないことを幼い頃から押しつけていました。過保護に甘やかしてもいました。愛しているということと、愛していると感じることは別であるとは気づいていませんでした。

親業との出会い

息子は1993年12月6日、娘と同じ院長のクリニックで生まれました。娘の1ヶ月検診の時から見ていた「親業訓練講座」のポスターが、病院の待合室に掲示されていました。「親業」という言葉は産後うつの状態の時に支えてくれた友人からもらった本で知っていましたが、どんな訓練をする講座なのだろう。

好奇心に駆られ、通りかかった院長先生の奥様に聞いてみました。

「親業って何ですか?」

「子どもの気持ちを理解しましょう。親の本当の気持ちを子どもに伝えましょう。それが親業です」

子どもの気持ち? 親の本当の気持ち?……意味がわかりませんでした。私の気持ちは娘と息子にちゃんとした立派で幸せな人になってほしいということです。

その瞬間、タイミング悪く、というか、後から思えば絶妙にタイミングよく、一緒に連れてきていた4歳の娘がジュースをこぼしました。私は反射的に娘を叱りつけました。

「こぼしちゃダメじゃない! ちゃんと持っていないと! だから言ったでしょ」

自分でも考えられないほど強い口調だったのは、子どもに人の迷惑をかけないように気をつけてほしい、きちんとできる子になってほしいという気持ちがあるのは本当ですが、子どもに目を配っていなかったからこぼしてしまったという親としての後ろめたさもありました。責任感や罪悪感が強すぎると、人は人を責めてしまうものです。自責の念から他責へ。

「だから座って飲みなさいって言ったでしょ。気をつけないなら、もうジュースを買わないからね！」

こんな叱り方をしちゃいけない、というのは、なんとなくですが私にもわかっていました。けれどその時隣にいたその方が、私を責めるのではなく

「それじゃあ、娘さんは責められたように思い、傷ついて自信をなくしてしまいます。自尊心を失ってしまいますよ」

と、優しく諭すように教えてくれました。そして続けて私にこう問いかけました。

「あなたはどんな子になってほしいと願って、親としてその言葉を言っているのですか？」

はっとしました。私はどんな思いで、この言葉を娘に投げかけているのだろう。

その方は親業をそのまま実演してくれました。娘に向かってこう声を掛けたのです。

「立ったまま飲んだから、こぼれちゃったよね。こうやって拭かなきゃいけなくなって困るし、後でこの椅子に座る人が困ってしまう、と申し訳なく思うのよね」

娘は素直に頷いていました。

「こういう言い方をすると、娘さんは責められた気持ちになりませんよね。こちらの気持ちも伝わっていますよね」

その時に投げかけられた問いは、私の心に深くしみこみました。

「自分の失敗や過ちを誰かから責められて、怖いから、叱られるからやめる、行動を変える子どもに育てたいのですか？　それとも他の人の気持ちを思いやり、自分で考えて、自発的に行動を変えられる子どもに育てたいのですか？　あなたは、子どもの心に思いやりの心と自主性を育みたいのではないですか？　ダメでしょって言われてやめる子どもより、どうすれば人を困らせずに、自分が飲みたいジュースを気持ちよく満足に飲めるのか、そういったことを自分から考えられる子どもに育てたいと思っているのではないですか？」

親業では正しいことを教えるより、自分が大切だと思っていることを大切に思う心を伝わるように伝えようとすすめています。

私は正しいことを教えて娘をしつけているつもりだったのに、娘は「正しいことを押しつけられ、責められた」と受け取って、傷ついていたのではないでしょうか。

お母さんの幸せって何？

親業訓練講座には興味がありましたが、岡山で受講することはなく、それから数ヶ月ほどして、夫の転勤で広島へ引っ越すことになりました。

今振り返ってみても、慣れない環境の中で、子どもの成長が進むにつれ、後ろ指をささされず人に迷惑を掛けない立派な子を育てなければ、という気負いがますます増し、私の子育てには、心のゆとりというものがなかったように思います。

正しいことを言ってちゃんとしつけたからといって、心身ともに健やかに人が育つとは限りません。私の気持ちは伝わらずに、心が通い合うことが少なくなっていきました。

気がつくと娘は、人の顔色をうかがう子どもに育ってしまっていました。どことなく自分に自信がなさそうでもありました。

言いたいことを言ったり、やりたいことをやったりすると、人に迷惑が掛かって嫌われてしまうのではないかと人を恐れる子。

常に自信がなく、いつも人と同じようにしていないと安心できない子。

言われた通りに、ちゃんとしていないと不安に思う子。

「学校に行きたくない」

娘は小学1年生の3学期から元気がなくなり始め、学校から足が遠のくようになりました。しばらく行けない日が続いたり、行けたり行けなかったり、給食だけ食べに行ったりという五月雨《さみだれ》登校。友達とも交わることを避け、家の中で過ごす日々が続きました。

娘の状態に私はすっかり参ってしまいました。

いつの間にか何よりも「いい子」であることを最優先して過ごした自分の少女時代が基準になっていました。小学校から学校に行かないなんて、あり得ないと思っていました。

他の子と同じように学校に行かせようと、先生たちにも協力を求め、とにかく学校に行けるように奔走しました。さまざまな言葉を娘にかけました。

「学校は大切だよ」と教えようとしたり、「学校に行かないと将来困るよ」と脅したり、「仲良しの友達に学校で会えるよ。楽しいことがありそうよ」と気持ちを上げさせようとごまかしたり、「お母さんがついて行ってあげようか」「お友達に迎えに来てもらおうか」と過保護にしようとしたり、「先生に相談したら」などと提案したり、「学校に行ったら○○してあげる」「学校に行けていないのだから○○してはいけません」と駆け引きをしたり、「頑張って行こうよ」と激励したり、なだめすかしたり「学校に行けないなんて情けない」とか言ったり、「他の子はちゃんと行けているのに」と比べたり、「今日は絶対に行きなさい」

ときつく命令したり。

それでも行かない娘を「じゃあ公園で楽しく過ごそう」「図書館とか、デパートとか行こう」と楽しいことに誘ったり、美味しいものを食べれば元気が出るんじゃないかと娘の好物を出したり。……さらに先生と話し合ったり、育児書を読んだり偉い先生の講演を聴いたり相談をしたりして、私は学び、子育てをやり直し実践しよう、問題を解決しようと必死でした。

しかし、よかれと思ってやればやるほど、私の言動は裏目に出るばかりでした。

娘はますます元気がなくなっていきました。

本に書いてあること、周りの人からアドバイスされたこと、すべてをやり尽くそうと思っていた頃、娘が言いました。

「それは本の何ページに書いてあるの？」「その通りにすれば私が学校に行くようになるって書いてあるの？」「今日はなんていう偉い人の話を聞いてきたの？」「お母さん、私は本の中にはいない。その偉い人の話の通りに育つ子ではない」そして「それで本当にお母さんの願いが叶うの？　お母さんは幸せなの？」

「えっ？　私の願い？　幸せ？」

私は驚きました。今までそんなことを考えたこともありませんでした。

それは「私は子育て本の中にはいない」「目の前の私を見て！」という叫びだったのでしょう。

「幸せって、自分がどう感じているかでしょう？」

「……そうね」

「私はお母さんの思い通りになるために生きているのではない！　私が幸せになるために生まれてきたの！」

小学校2年生の娘に言われて、やっと気づきました。

本に書いてある通りにして、偉い人の成功の話の通りにして、幸せになれるとは限らない。

何のために、私はあの子を学校に行かせたいんだろうか。学校にちゃんと行けばあの子は幸せ、私は幸せなのだろうか。

この子が学校に行かないことが、なぜこんなに心配なんだろう。

自分にとっての幸せって何なのか。自立するとはどういうことなのか。

この子が生まれてきてよかったと思えて、この子らしく幸せに生きることが、私の幸せなのに、私は彼女が何を求めているか、彼女は何に幸せを感じるのか全く知りませんでしたし、考えようともしませんでした。

命を大切に心を大切に生きてほしいと願い、子どもの幸せのためにと一生懸命学んできたつもりでも、じつは、何も知らなかったのです。

私は、自分が決めた幸せの枠を押しつけただけ。自立を願っていても、行動は真逆のことをしていたと思います。

自分と向き合う

何より、愛しているということが伝わっていないの？　愛情が実感できていない？　だから自立とは逆方向に向かっている？　漠然とそんな疑問を感じ始めていました。

そんな疑問を抱いたのは、その頃読んだ本の影響もありました。

ちょうどその頃、私は日本に初めて親業を取り入れた近藤千恵さんの『親業に学ぶ子どもの接し方』（新紀元社刊）という本を読んでいました。

それまで読んだ本や講演の内容は「素晴らしい話です。すごい話です。でも私にはとてもできない」というものだったり、できても継続できなかったり、ごもっともなことを言われても、そうなればよいとわかってはいても、具体的にどうすればよいのかわからないと、余計に悩みがつのったり、結局読んでも気持ちが一瞬軽くなるだけのものでしたが、その本はそれまで読んだ育児書や子育て本とは全く違っていました。「子どもを○○のような子にしよう」という、子どもを変化させようとする内容や、理想論や抽象的な「あるべき姿」を目指すものでもなく、親側のあり方に焦点があてられ、子どもとの接し方がより具体的に、日常生活ですぐに実践できるようわかりやすく書いてありました。

その本を読んだことで、子育てに関して持っていた視点が変わり、何よりも、私自身が救われるような気持ちになれました。自分の足で立っていけるような感覚を抱きました。

本の内容と、娘の言葉がリンクしました。

「もっと親業を知って、実行してみたい」

そう思った私は「親業訓練協会」に問い合わせ、講座を受講することにしました。

親業訓練講座では、親がこう言えば子どもは学校に行く、勉強をする、思いやりが持てる、意欲的になる、親は「〜すべき」や「〜してはいけない」などという親への指導や指摘を教わることは、一切ありませんでした。

子どもの行動を見て聞いて、今、自分は何を感じているのか、自分の感じ方を理解する（気づく）のが第一歩でした。ひとりの人間として、親としてどうありたいのか、子どもにどのような姿を見せたいのか、自分自身を見つめ直すところがスタートです。

親業訓練講座の創始者でアメリカの心理学者トマス・ゴードン博士の言葉「親業をうまくやり遂げる親は、自分が本当のひとりの人間であることをまず自分にゆるす」「子どもは、親の中の人間らしさ、ほんもののところを深く理解し、それを認めるものである」（トマス・ゴードン著・近藤千恵訳『親業』などが、ベースになっています。

子どもの心を理解する、自分で考え行動し、責任のとれる子どもに育つには、子どもを育てるというより親としていかに関わるかが肝心です。ゆえに、親である自分自身を理解し受容することは原理原則です。

愛はあるだけで、伝わっていなければ、虚しいものになってしまう。親に愛がないわけではないのですが。愛されていると伝わってこそ、愛が愛としての意味を持つのです。

受容のもたらす効果のなかでいちばん大切なのは、自分は愛されていると子供が思うその内的な感情である。他人をありのままの姿で受容することこそ真の愛の行為であり、受容されていると感じることは愛されていると感じることである。心理学では、愛されているという感情のもつ非常に大きな力についてやっと認めはじめたばかりだ。それは心と体の成長をうながし、心理的・身体的障害を治すうえで、私たちの知っているあらゆるもののなかで、最もすぐれた治療効果をもつものであろう。

親が子供を受容することと、受容している気持を子供に感じさせることとは別である。親の受容も、子供に伝わらない限り、子供には何の影響も与えない。

トマス・ゴードン著　近藤千恵訳『親業』より

愛が伝わるように伝える、愛されているとの実感から、自分を信じ、人を信じ、自分を愛し、人を愛せるようになるためには、親もひとりの人間であることをまず自分にゆるし、子どももひとりの人間であると尊重し、お互いに尊重しあう。そしてともに人として成長していくのです。

親子関係の変化

私がこれまで子どもたちによかれと思ってやってきたことの多くを、子どもたちは求めていませんでした。それどころか、心の内に葛藤を抱えて、大人たちの前では黙って頷くしかないほど、常識やあるべき論を押しつけて子どもを追い込んでしまっていました。

子どもたちの行動は「型にはめた子育てはもうやめて」「それは、お母さんが思う身勝手な幸せの押しつけでしょう」「お互いに自分らしく生きる幸せを」という叫びであり訴えでした。

今振り返ると、真の幸せとは、愛とは、慈しみとは感謝とは、そしてそれが伝わるとはどういうことかを体を張って人生をかけて、あの子たちが教えてくれたようにも思えます。型にはめた子育ては私自身をも苦めていたと気づけました。そのままでは私も親としての幸せは手に入らないことが腑に落ちました。

子どもの気持ちを真に受け止め考えると、子どもたちにとっての幸せは、自分が困る前にやめさせられることでも、手助けされることでも、挫折しないように守られることでもありませんでした。もちろん、困ればいい、挫折すればいい、ということではありません。寂しい気持ちにならないように、先に手を出すのではなく、寂しく思った時にその感情に寄り添い、受け入れ、愛し、信じて、見守ってほしい。困ったことも挫折も味わい、自分で乗り越える経験を積み人生を生き抜く力を養いたい。その経験を通して、他人の温かさや愛しさを知り、感謝の心を育みたい。自信も意欲も身に付けたい。勉強も、自分にとって必要だと理解・納得してから、自分がやる気になってからやりたい。勉強以外にも、自分がやりたいと思うことをやらせてほしい……つまり、自分らしく生きたい、自立への道を歩みたい、自分を信じてほしい、自分自身であることを誇れる人生を歩ませてほしい、というのが、子どもたちの願いなのかも知れない、と思いました。

私もそれを理解し受け止めたい。そして、自分の存在と人生を誇って人生を自分らしく幸せに生きている、という実感を与えたい。自分を大切に、相手の人を大切に、尊重し合い調和していく関係を築いていきたいと思い至るようになりました。自分自身を愛する、愛を大切な人へと。愛で調和されていく人間関係を、と。

そして、子どもたちは、親が大切に思うことや価値観は、くどくしつこくなく、押しつけずに毅然と伝えて欲しいと願っていることもわかりました。

私は講座へ通い続けました。親子関係は行きつ戻りつしつつも、ゆっくり着実に確実に改善されていきました。

子どもとの接し方や、子どもの気持ちの受け止め方、自分の気持ちの伝え方、対立の解き方など、親の自立、子どもの自立、愛と信頼の心の架け橋作り、愛と平和に満ちた健全な人間関係を提唱している親業訓練講座で習ってたことを実践していくと、私と子どもたちとの関係はよくなり、私たちはどんどん元気になっていきました。私は、私に愛情が足りないのではなく、愛情の伝え方が不器用だっただけだと教わり、気づきました。私自身が癒やされ、救われました。そして、自分や相手の心の中の愛情や意欲や自信の呼び起こし方、愛情の伝え方を磨き続けたいと思いました。愛情は人間関係によって心の中で形創られていくものであるから、愛は学べるもの、学びによって感じていくことのできるものであり、また、愛から様々なことを学び感じていくことのできるものでもあると発見できた瞬間でした。

子どもは心身ともにどんどん元気になり、私自身にも笑顔とゆとりが増えました。人間関係の改善により、眠っていた愛が目覚めた感覚でした。愛は心も体も元気にしてくれるのです。愛は光であり、エネルギーの源ですから。

うまく行かないようにしてくれたのがありがたい

娘は生まれて間もなくの頃から、病気がちで、アレルギーもひどく、病院通いが絶えない子でした。そこから不登校、心の病にかかり、高校も中退しました。

息子も不登校から家庭内暴力をし、家にこもっていました。私の子育てはうまくいかないことが多々ありました。

二人とも、わがままを言ってみたり、欲求をストレートに言ったり、受け入れがたい行動をすることがありました。

でも、それまでも私は子どもを愛していなかったわけではありません。子どもたちも親を困らせようとしているわけではありません。

我が子を愛さない親はいません。でも自分が愛されたという実感がないゆえに愛の表現がわからないという親はいます。愛せないのではなく、愛の受け取り方と与え方が不器用なまま、大人になり、親になったという感じでしょうか。

悩みのただ中の時には、とても思えなかったけれども、その当時、私を悩ませてくれてありがとう。大切なことに気づかせてくれてありがとう。そんなふうに、今なら思えます。我が子の存在、我が子たちが選んだそれぞれの人生に本当に心から感謝して、わが子たちを誇りに思っている今の私です。

価値観の衝突

私が親業で学んだことを実践していくと、子どもはその子らしくイキイキとしていられる子になっていきました。

苦悩や問題がなくなるのではなく、私は「何かが起きても大丈夫。その子らしく生きてくれる、その子らしく乗り越えていくだろう」と信じて見守れるようになり、親として生きる自分にも、少しずつ自信が持てるようになりました。

相手の身になって考え、慮る、価値観を認めることの大切さを学んだ私の前に、価値観を認め合えない大きな壁がありました。夫との価値観のぶつかり合いです。

「学校に行くのが当たり前だ。体の具合が悪くないならサボらずに行け」

結婚した当初はぴったりあっていた二人の価値観。子どもができるまでは夫婦ケンカなどあまりしたこともなかったのに、できてからどれだけ揉めバトルをしたか。

特に下の子が中学2年で不登校になってからは激しくなりました。

息子は小さい頃は親の言いつけをよくきく優しい子でした。それはつまり、親にとって都合のよい子に育ててしまっていた、ということです。夫も私もそれをよしとしていました。

しかし彼の不登校に対して、私が彼本人の幸せを彼の身になって考えるべき、と思うようになってから、二人の意見はどこまでも平行線でした。

「社会でまともに生きていけないような子どもを育てた」

「そんなことない、あの子はいろいろ考えている」

「俺は学校に行くのが当たり前だと思っている、当たり前のことができないような、社会に出られないような子どもを育てておいて、文句を言うな」

「息子の前でなんてことをいうの！」

「俺は家族を立派に養ってやっている、ちゃんとしている。感謝されることはあっても文句は言われたくない」

「あなたの思い通りの人生じゃない生き方を息子が選んで生きようとしているのだから、

息子のことを理解してあげて」

私が躍起になって論破しようとしていると
「お母さん、やめとけよ」

息子に止められて私は黙りました。

そのあと、二人になった時に、息子が言いました。

「あのな、お父さんの『僕の生き方、価値観を認められない』という価値観を、お母さん自身が認めていない。お母さんは『価値観の違う相手の身になって考え理解しようとしてみる、同じにならなくても価値観を認め合うことが大切』と言っているのに、それが一番できていないのは、母さん自身だよ」

「えっ？」

私ははっとしました。息子は続けて言いました。

「そもそも原点が違うから。父さんは社会に出られないって言ったけど、僕は出られないんじゃない、今は出ないと決めているだけ。自分で自分の人生を選んでいる。出られないんじゃない。出たくなった時には出る。でも、お父さんは出られないって思っている。そこを揉めてもしょうがないじゃないか。僕は自分の生き方を貫く」

夫もまた息子への愛があるゆえに、息子に言い続けてきたのでしょう。それぞれの愛の形は違います。私たち親子が今こうして自分の人生を生きていけるのも、夫のおかげ、本当に感謝しています。

中学時代は不登校だった息子が、東京の高校に行きたいと言いだした時も、反対する父親に逆らわず

「一度見学に行ってから決めたい。反対されてそのまま諦めるのでは、たぶん一生親を恨んでしまう。諦めるなら見学してから、お互いに話し合って自分が納得してからにしたい」

とオープンスクールに一緒に出向いて、結局進学を決めました。

そして夫はそれを受け入れ、養育の施しと教育投資をしてくれて、3年間通い通すことができました。父親としての愛情も援助も十分に注いでくれました。

中学の卒業式もそうでした。

息子は「行かない」と言って出席しなかったのですが、学校としては一応、卒業証書を渡さなければいけないという。そこで担任や学年の先生が校長室に集まって、卒業証書を渡す息子だけの卒業式を行うことになりました。当然、私も行こうとしましたが

「お母さんは来ないでくれ」

と息子が言いだし、結局、息子の友達と長女だけが行きました。

「君は将来何になりたいの？」

校長先生に問いかけられた息子は答えたそうです。

「政治家になりたいです。政治家になって今の教育を変えたい。みんなが自分らしくイキイキと輝いて生きていくような教育をつくりたい。

僕が学校に行かなかったのは、学校のせいでも、先生のせいでも、親のせいでもありません。僕が選んだのです。僕は学校に行けなかったのではなく、行かないことを選んだのです。

僕はその選択を誇りに思っています。

そして、学校に行かないことを選ぶこの人生を、受け入れ、見守り、支えてくれたお母さんとお姉さんと先生たちに感謝をしています。

みんなが自分らしく、イキイキと幸せに生きられるような教育をする学校や社会を創る政治家になりたい」

この本を書いている今、彼は当時とは違う夢を描いています。けれど根本にある志は、きっと変わっていないだろうと思います。

親業訓練インストラクター

人は知ることをし、学び続け、実践し続けないと、身に付かないものです。

私が親業訓練インストラクター養成講座へ通い始めたのは、自分自身が親業を学び続け実践し続けたいという気持ちからでした。さらに親業訓練インストラクターになれば、親業訓練講座の受講料がかからないという理由もありました。

２００２年、インストラクターの修了証書を受けるタイミングで、夫の転勤があり広島から岡山へ戻ることが決まりました。広島には大人数の親業訓練インストラクターがいたので、岡山にもたくさんの仲間がいるだろうと思い込んでいました。広めるのは他のインストラクターに任せて、私は学び続けたい、とのんきに思っていました。

ところが修了証書を手渡しながら、当時の親業訓練協会の理事長だった近藤千恵さんはこう言いました。

「岡山市内のインストラクターで一般向けに講座を開講できるのは、あなたが最初のひとりです。頑張ってくださいね」

「ええ⁉　ひとりですか⁉」

岡山でひとりで広める、となると責任重大で、正直、私にはとても務まらないと思いました。

でも、目の前の近藤千恵さんは主婦で母親ながら、アメリカまで渡り、親業訓練インストラクターとなって帰国し活躍している人。自宅の一室で、たった数人に教えることから始めた日本初の親業訓練インストラクターです。

その頃は、女性が渡米して資格を取得し、協会を創設するなんて考えられなかったはず。

「日本でひとりだった千恵さんに比べたら、岡山でひとりなんて、たかが知れているかも」

と思えてきました。

「岡山で親業を広めてくださいね」

とニッコリ微笑む千恵さんに、私はきっぱり答えました。

「いいえ。広めません。だって、人々が求めているものを、真心込めて誠実に伝え続けていたら、広まる必要のあるものならば自然に世の中に広まるでしょう。本物は世に残ります。理事長、あなたがそうして広めてこられたように、親業は広めなくとも、伝え続けていけば広まるものですから」

私は岡山市内ではじめて、一般向けに講座を開講できる親業訓練インストラクターになりました。

岡山で親業訓練講座を開講

私の初講座を受けてくれた二人には、今でも本当に感謝しています。
ひとりは高校時代の先輩の奥さん。もうひとりは小学校中学校と一緒だった幼なじみ。二人とも父のことも母のことも知っているだけでなく、盆正月に帰省するたびに会っては、私の変化、娘や息子の変化を見て「親業を受けてみたい。岡山に講座はないの？」と言ってくれていた人たちです。

私が親業訓練インストラクターになったこと、岡山に戻ることを知って、「じゃあ講座を受けさせて」となったのでした。

そこから、営業活動など一切していないのに、親業訓練講座は徐々に広まりました。
講座を受講された倉敷在住の方が「地域の親子クラブで講演会かセミナーをしてはどうか」と倉敷の保健師の方を紹介してくれました。

お話をするとその方は「親子クラブだけでやるのはもったいない、倉敷に広めてもらいましょう」と倉敷公民館の館長につなげてくれました。

館長は「この内容は単発の講演会にするのはもったいないから、倉敷公民館で子育て講座として開きましょう」と講座を作ってくれました。

その館長が異動すると新しく赴任された笹治館長は「平日の幼児期のお母さんだけに開講するのはもったいない。思春期と幼児で分けましょう。お父さんや他の人にもきてもらいましょう」と尽力され土曜日も講座が開かれるまでになりました。その発展ぶり、講座の意義や成果を、倉敷市長が倉敷公民館主催のシンポジウムで語られました。

子育て中の母親だけでなく、幼稚園や小学校の先生、父親や働く母親たちも、受講するようになりました。

『育ち合いの会』というグループが倉敷市に立ち上がり、そこからますます広がって、親業訓練講座をはじめとする講座は、２０２１年現在ではのべ約２０００人近くの人が受講してくださっています。

受講生は口コミで増えていきました。ありがたいことに、今でもほとんどの方が口コミがきっかけで受講しています。その年齢層も幅広く小学生から70代後半の方まで、職業も多岐に及び、また、未婚者、既婚者、学生、社会人、経営者、政治家、芸能人…と、あらゆる人間関係に有効に活用でき、成果があると実証されていきました。まさに、世の中に広まる必要のあるものなら自然に広まり、本物は伝わり伝播していく、でした。

出会い、大切な仲間たち、恩人たち

その頃から今でも、私には、節目節目で支えてくれる大切な人たちがいました。

講座を最初に受講してくれた二人の友をはじめ受講生さんたち、自宅で開講していた初期の頃、会場提供に力添えくださった高校時代の恩師、倉敷公民館の笹治英昭館長、育ち合いの会の仲間たちなど……。

一人ひとりがそれぞれ子育てや人間関係に苦悩したり、人生に迷ったりして、心の傷や悩みを抱えていました。そして、そこから立ち上がり、世の中の同じように悩む人々のためになりたいと志して、動いてくれています。

講座はただ単にコミュニケーションの小手先のテクニックや、人間関係の表面的な解決法、付け焼き刃的な成功法則、一過性の自己啓発、あるべき理想論抽象論を伝えているのではありません。

心と人間関係の本質を追究しつつ、心理学の理論に基づいていて、日常で実践できる具体的かつ実用的なコツとワザをお伝えしています。

ゆえに必然的に、受講生さんの人生に関わらせてもらう一生ものの講座のようになります。

その人が悩みや苦しみを通じて、自分を見つめ直し、自分に向き合い、自身で乗り越えられるようになるのをサポートし、見守っていると、受講生さんたちが、人生をかけて私を応援してくれるようにもなりました。

傷つき悩んだことを乗り越えた時、人は自分と同じような人を救いたい、助けたいと思うものです。そのパワーの強さと高邁な精神に「人間って素晴らしい」といつも感動します。講座を受けてくださった方、一人ひとりの人生に真剣に向き合うことで、私自身も影響を受け、多くの学びと感動を与えられ、人として成長させてもらいました。感謝に尽きないです。

それぞれのストーリーは後ほど紹介します。

岡山で親業が広まるにつれて、新聞、テレビの取材も依頼されるようになりました。「NHKの白数《しらす》ですが」という電話を受けた時は「まさか、私がテレビに出演?」と驚きました。当時の私は取材には積極的ではありませんでした。

「もともと自分が講座を開いているのは自分の受講料をまかなうためで、細々と続けられればいいんです。広めなくても、必要な人に届けばそれでいいんです」と理由をつけていましたが、無意識のうちに、マスコミに取り上げられることで、父に見つかったらどうしようかという気持ちもありました。

でも親業訓練インストラクターは岡山に私ひとりしかいないのです。はっきりした理由も言わずに取材を断ったことがあとあと問題になってもよくないと思いました。

それで、取材を受けることにしました。その取材を通して白数直美さんという、その後、私にとってかけがえのない人になる方と出会えたことは、予想もしなかった、ありがたい幸せな出来事でした。

東京のお母さん

私が東京のお母さんと慕う恩人が、木村まさ子さんです。

偶然、広島県三次市で、彼女と出会いお話を聞いた私は、内容にとても共鳴し、心が揺さぶられました。

育ち合いの会が主催するシンポジウムに講師として登壇してくださって、それから彼女が岡山市や近郊に来られた時や、私が東京に行った時には会ってくださったり、講演会を主催したりという交流が始まりました。

私が学んできたことを生業としてできるようになったのは、彼女の言葉があったからです。

　私は、親業訓練インストラクターになり、倉敷公民館の子育て講座の講師をしていると は言え、まだまだ未熟で無名の私に、彼女は「あなたのしていることは大切なことで、世の中に必要なことよ。実際にお母さんたちを救っている素晴らしいことをしているのね」と言ってくれました。今でもあの時の慈しみに満ちたまなざしは忘れられません。そして、それから数年後
「自分が救われて、同じような悩みを抱えている人たちの手助けをしたいと思っているなら、本気でやりなさい。自信がなくても、腹をくくって独立独歩、やってみなさい。ちゃんと組織として立ち上げてやりなさい」と背中を押してくれました。

　そのおかげで今の事業があり、事務所「いろは邑」があります。

「通常、人は乗り越えて成功してから語り、表していく。そして色んな人に影響を与える。でも、あなたは苦しみの真っただ中で、それでも人に伝えてきたよね。よくやってきたわ」と、まさ子さんは褒めてくれました。

「これを乗り越えて成功しました」とか「こうなりました」とか、結果を出した人としてではなく、私自身がまだしんどいただ中でも受講してくれた人たち、支え応援してくれた人たちの存在を、本当にありがたいなと改めて思います。

まさ子さんは、自分の体験を踏まえて、息子が東京の高校に進学する時、いろいろ話を聞いてくれました。そして「不安なのはあなたでしょ、この子は大丈夫よ。腹をくくりなさいよ。自分と彼を信じてね。」と言ってくれました。

「これまでの人生はすべて、これからの人生のために必要なことで、大切な意味あることが起きてきたのだからね。すべては按配よく円満にいくから大丈夫。」と。

まるで私の一歩先を歩んで道を指し示してくれているかのような彼女は、いつも私を一番に理解して、愛たっぷりに指導し励ましてくれる心強い存在です。愛と慈しみで照らし包んでくれる太陽のような方です。

学びの道

その頃の私は、自分の心が幸せと感じることが幸せと思えるようになっていました。

今、ここに生かされていることに、幸せを感じられ、ありがたい、と。

立派な人の本や成功の体験談は、人生に影響を与えることはありますが、一人ひとりの幸せは、本の中や成功者の話の中にはありません。他人の言葉通りにやれば幸せになれるわけではない、ということがわかってきたのです。

苦悩の子育てがきっかけでこの生業、生きがいに出会えました。

どんな感情も大切な自分の心。恨むことも、悲しむことも、辛いことも、寂しいことも、嬉しいことも、愉しいことも、ありがたいことも、すべて受け入れ、ゆるし、すべてが愛しいと思えることの大切さ。人として生きる大切なことを学ぶ道を与えられたと思っています。

すべてが光に

電話

幼い頃、私は母に「お母さんは私を置いては絶対に死なない」と言ったことがあります。言葉ははっきりと記憶していませんが、その時の必死な気持ちと裏付けのない信頼の記憶があります。

自分が大人になって、頭では親はいつまでも生きているわけではないと理解していても、親の死というものは、心ではなかなか納得できないもの。いざ直面しないとわからないものの最たるものかもしれません。

2007年8月、私の誕生日の2、3日前のことでした。想像もしない相手から電話がかかってきました。

「岡山市の福祉事務所です。秋山久志さんの娘の英子さんですね。あなたのお父様、秋山久志さんが岡山大学の集中治療室（ＩＣＵ）におられます」

父の名前を聞いただけで恐怖に身の毛がよだち、膝が震えるようでした。担当者は淡々と続けました。

「余命1週間だそうです。会いに行かれますか？」

私ははっきりと「行けません」と答えました。

「そうですか。では、親戚の従姉さんの電話番号をお伝えしておきます。会いに行くなら……もし行かれないにしても、この方に連絡をしてください」

福祉事務所の担当者は、子どもの頃、柵原町の叔父の家で本当の姉のように仲良くしてくれた従姉の連絡先を告げて電話を切りました。

父親と絶縁した際に、父方の親族との連絡も絶っていたのでした。


福祉事務所からの電話を切ってすぐ、私は従姉に電話をしました。

従姉はすぐに出ました。

「さっき福祉事務所から聞いたんだけど」

「そうなの。私たちはあんたの連絡先がわからなかったから、探してもらって、連絡してもらった」

小さい頃を思い出す、懐かしい従姉の声。

「あんたのお父さんの命、あと1週間しかないんだって。どうする？」

「行かない。あんな人、二度と会いたくない」

「そうか。あんたの気持ちもわかるわ」

私が最後に父に言った言葉は「生きている間はあなたに会いません」でした。

「亡くなったら、お線香ぐらいはあげに行きます。あなたが亡くなってから連絡をお待ちしております」と言ったのに……まだ生きているうちに連絡が来てしまったなんて。しかも、余命1週間。

従姉との通話を終え、受話器を置くと、偶然にもすぐさま電話が鳴りました。

ドキドキしながら受話器を取ると
「山陽新聞社です」

当時、私が山陽新聞に連載していた「教えて育児、知りたい育児」の担当記者でした。

「江崎先生の記事に心が救われたとか、役に立ったとか、ありがとうって、子育て中の方からたくさんの感想が来ています。本当にすごい反響ですよ。次の記事ですが、この感想に対して……」

連載記事が好評だと告げる記者の声は明るく弾んでいました。

先ほどの気がふさぐ2本の電話とは打って変わって、嬉しい話でした。記者との打ち合わせも順調でした。

こんな私に救われたといってくれる人がいる。この仕事をやってきてよかった！　私は私として生まれてきてよかった！　生きることを諦めないでよかった。よし、やり続けよう！　私を生きていこう、前向きに、そう思いながら受話器を置きました。

その時、はっと気がつきました。

今私がこうして前向きに「生まれてきてよかった」と思えるのは、娘や息子たちが、子育てで悩ませてくれたおかげ。

そこから、またたく間にすべてが理解され、つながっていきました。

娘や息子たちに出会えたのは夫と結婚したから。その夫と結婚したのは父のような人と絶対に結婚したくないと思ってお見合い結婚したから。

結局は父のおかげでもある。

父のあの人生があって父の娘として生まれてきたから。

私は父に対して「ゆるしたい」「ゆるさなければ」と思ったことは一度もありません。むしろ「絶対ゆるせない」と思っていました。父は私にとって最もゆるせない人でした。

でもその瞬間、父が生きてくれた人生のおかげだ、父の娘であったおかげだ、と思えました。父の人生そのものを、受け入れ、命を与えてくれたことがありがたいと思いました。

人生はつながっています。

娘と息子は「お母さん、本当の幸せは、型にはめた理想の中にないよ」と教えてくれました。

子どもたちに出会えて本当によかった。あの子たちの親になれたことがありがたい。

その娘と息子に会えたのは、24歳で夫と結婚したから。夫に出会えて結婚して、娘と息子の母になれたことを、本当に幸せに思う。

夫と結婚したのは、両親のようになりたくないと思ったから。それは、父があの人生を生き、母があの人生を生きてくれたおかげです。

あの父とあの母の人生があって今があります。父への恨みが、ドミノを倒すように鮮やかに、光と感謝に変わりました。

「命を与えてくれてありがとう」と伝えに行こう。

父に会いに行こう。

しかしその日は倉敷公民館の笹治館長の子育て講座から立ち上がった「育ち合いの会」の定例会でした。もう出かける時間が迫っていましたが、平静な気持ちで参加できそうもないので、あわてて電話をかけました。

「ごめんなさい、今日欠席させてください」

「え〜っ！　江崎先生が来るから、今日はいつもより多く人が集まっているんですよ。みんな楽しみにしているんですよ」

私のドタキャンに、育ち合いの会の会長は困惑の声をあげました。

ここにも私を待ってくれている人がいる、父のおかげだ、と思いました。

「あっ、いいえ、やはりそちらに行きます」

「えっ？　大丈夫ですか？」

私の態度の急速な変化に不審げな会長に、実は……と事情を話しました。

「えっ……そんなことが……どうぞお父さんのところへ行ってあげてください」

けれど私はもう遅れてでも、定例会の方に行くと決めていました。育ち合いの会の仲間や、周囲の人々のおかげで今の私があるのだから。

そう伝えると会長も「ありがとうございます。お気をつけていらしてください。お父さんのこと、江崎先生のこと、お祈りしています」と言ってくれました。

急いで支度をして駆けつけ、会の半分が過ぎた頃に、会場に到着。たくさんの笑顔と気遣う顔に迎えられて「私が私として生きてきてよかった」としみじみ感じていました。

再会

その夜、私は泣きました。いろいろな感情が入り交じった涙でした。人はここまで涙がでるのかと思うほど、泣いて泣いて泣き尽くしました。

父のしたことはゆるせない。心の傷は一生私の心に残る。母の苦労も悲しみも見てきた私は、それでも父に会いに行き、そして看取ろう、見送ろうと決めました。

それは父がもうすぐ死んでしまうからではありません。

父が父としてあの人生を生きてくれた連なりの上に、今の私の幸せがあります。命のつながりのゆえに、今ここにある私の命。人様の幸せのお役に立てている自分がいて、感謝してくれる人、必要としてくれる人がいます。

「命を与えてもらったことだけは、ありがたい」と、父に感謝を伝えようと思ったのです。

従姉に電話をして、翌日会う約束をしました。

「やっぱり会いに行こうと思います」

「じゃあ病院に行く前に待ち合わせをしましょう。お父さんのこれまでの話をしたいから」

病院の近くで待ち合わせ、従姉とランチを食べながら、父のこれまでのこと、現在の容態などを聞き、病院に向かいました。

感動の再会などではありませんでした。

おそるおそる、集中治療室に入っていきました。

管や点滴や呼吸器をたくさんつけて、ベッドに横たわる老人。記憶よりもだいぶ年老いていますが、紛れもなくあの人です。すでにもう自力で起き上がる力すらない、父は動けないのだと頭では十分理解しているはずなのに、父が暴れていた頃の恐怖が体に蘇り、反射的にひるんで「怖い」とつい声に出してしまいました。

意識があるのかないのか、わかりません。勇気を持って話しかけました。

「お父さん」

父のまぶたがゆっくり開き、こちらを見ました。私はその場に立っているのがやっとでした。しかし勇気を振り絞って父の顔をのぞき見ました。

最期の日までのおよそ7ヶ月

それから父の病室へ通う日々が始まりました。

勇気を振り絞り、覚悟を決めたつもりでしたが、私の気持ちは揺れていました。

　それを支えてくれたのが「東京のお母さん」と慕う木村まさ子さんでした。

思いが抱えきれなくなった私は、木村まさ子さんに、父との絶縁のこと、病院で付き添っていることなどを打ち明けました。

私の話を聞いてくれたまさ子さんは、距離をものともせずに岡山まで飛んできてくれました。

「あなた、よかったね。本当に、会えてよかったね」

倉敷の美観地区にある老舗「旅館くらしき」の料亭で、まさ子さんは私の手を取って、涙を流しながら話により添って聞いてくれていました。その手のぬくもりは今でも忘れられません。話をただただ聞いて共感してくれる人の存在は大きな安心感になりました。（あの中村雅俊さんの名曲「ふれあい」の歌詞が重なります。）

ただ黙って手をつないで、そっと寄り添ってくれるだけで、こんなにも人を元気づけるのか、まさ子さんのふるまいに教えられました。

彼女をはじめ、私は家族の理解や多くの人に支えられ、励まされて、父のそばにいることができました。

「余命1週間」と言われた父でしたが、すぐに命の火が消えることはありませんでした。

集中治療室の面会時間は限られていました。午後と夕方、それぞれ約1時間の面会時間に、仕事の合間を縫っていきました。

身内の付き添いがゆるされるようになると、さらに病室にいる時間が増えました。昼間仕事をして、家で夕食を準備し、家族と食べてから父の病室に行き、朝まで付き添い、病院から仕事に行ったこともありました。仕事と家庭生活の合間に父の看病をするのではなく、父の看病の間に仕事と家庭生活があるようでした。

「子どもを置いて、夜な夜なあんたは一体どこに行っているの？」

母が私の行動を不審がって言いました。長年の心労がたたったのか、私が広島にいた頃から母はうつ病を発症していました。

だから父の病室に通っていたことは母には黙っていましたが、すぐに知られてしまいました。

母は黙って受け入れてくれました。その時の母の感情を私には知るよしもありません。ただ、母の心遣いもありがたかったです。

父の枕元で語ったこと

病室で私は父にずっと話しかけていました。

人工呼吸器や点滴などたくさんの管につながれて、父はかすかに頷いたり目の色が変わることがありました。目が開いていても意識は混濁していたのかもしれません。ずっと眠り続けていることもありました。眠っていてもまぶたがピクリと動く時、まだ父は命を生きているのだと思いました。

付き添った約7ヶ月間、父とは最期まで会話を交わすことはなかったのですが、生きているのだから、きっと耳は聞こえているだろう、そして心を感じてくれているに違いない、魂に届くに違いない、と信じて、私は語り続けました。

話の終わりには「ありがとう」を必ず伝えました。

「お父さん、子どもの頃、お父さんにおびえて生きてきました。でも、本当は心に愛があった人だったのね」

「親になった今、この仕事をしている今ならあなたを理解できます。子どもを、妻を愛していたのにね。お父さん」

「寂しい人でしたね。甘えたい人でしたね」

「お父さん、私は結婚しました。夫はとても真面目な人で、今私は二人の子どもの母になったよ。二人が私の本当の幸せや愛のあり方を気づかせてくれたんだよ。いろいろあったし、今でもあるんだけどね。親として二人をありのままで信じて見守れるようになったよ。」

ひとつひとつ、父と決別してからの、私の人生を語りました。

この父の娘として生まれ、これまでの人生の歴史があったからこそ、命をかけて守ろう、人生をかけようと思えるものに出会えています。

この父の娘だったからこその、私の幸せが、今ここにあります。

私は私として生まれてきてよかった。あの時、この時、生きることを諦めないでよかった。

「お父さん、あなたにも、子を想う愛情がありました。愛情表現が下手な人だったのね。生き方が不器用だったね」

「お父さん、あなたも寂しく苦しい人生を生きたのですね。自分に正直に、真っすぐに愛を伝えられたらよかったのに」

今ならわかる。父がカッとなって暴れたりしたのは苦しみを「苦しい」と言えなかったから。父だって愛されたかった。癒やされたかった。その思いをため込んだまま、父方の実家の立派な家で世間の枠の中に押し込められ、苦しみながらやり切れないものを家族にぶつけていたのでしょう。父にはそうせざるを得ない、成長歴、生い立ちゆえの事情がありました。父の行動はゆるせませんが、原因は理解できました。

だからこそ父に最後に伝えなくては。

「お父さん、命を与えてくれてありがとう。この人生を歩ませてくれて、ありがとう」

「お父さん、ありがとう。私は今、幸せよ」

「ありがとう、お父さん」

「命を与えてくれて、ありがとう」

話せば話すほど感謝が湧き出てきました。

私に連絡があった時は、余命１週間と言われた父は、それから７ヶ月も、命を精いっぱい生きました。

私がすべての思いを伝え終わった時、父が逝きました。享年74歳でした。

娘さんですね

ところで、父の病室には意外にも多くの人がお見舞いに訪れました。

「あなたのお父さんに助けられた人がたくさんいるのよ」

生前の父と関わりのあった人から聞く、私と別れてからの父の28年間の生き様は、にわかには信じがたい、というより驚きの連続でした。

父は毎日毎日、小学校の前で、交通指導をしていたそうです。子どもたちの安全のために、雨嵐、大雪、真夏の日照りの日こそ、子どもたちを案じ、進んで勤しんでいたと。

「優しい人でした。子どもたちに慕われていました」

「子どもたちのために、という熱い志のある人でした」

「病気になって、小学校の校門前に交通安全の旗を持って立つことができなくなったことを、何よりも悔やみ、悲しんでいました」

小学校を卒業しても会いたくて訪ねてくる子たちがいたり、思春期になって悩みを相談にくる子たちがたくさんいたそうです。

荒れている子に愛情をかけ手をかけ指導もしていたといいます。子どもたちだけではなく、ホームレスの人の支援をしたり、自ら命を絶とうとする人を「命を大切にして」「生きなきゃいかん」と励まし助けていたそうです。

幼い子どもを連れた若いお母さんが「おじちゃーん」と病室にお見舞いにきたこともありました。

「あの子はね、荒れていたのよ。深夜に家を飛び出ていったあの子を、あんたのお父さんが探して、家に連れて戻してくれました。あの子が無事に母親になれたのは、あなたのお父さんのおかげなのよ」

父とボランティア活動をともにしていた人が教えてくれました。

父の活動は市長から表彰されるほどになっていました。

私に表彰式の出席依頼が届きました。

「私は父の活動を知らないので受け取れません」と辞退しようとすると
「でも相続人は娘のあなただから」と、市役所の担当者。

結局「父と一緒に活動をしている方となら一緒に行きます」と応じて、受け取った父の表彰状はその方に渡し置いて帰りました。私は父の活動を知らないのだから持っていくわけにはいきません。父と活動をともにしてくれた人たちの側に置いてほしいと願いました。

人は変われる。変わることができます。人間関係で変わる、心のありようで変わる、行いや言葉で変われる、意識で変われる、私が講座で伝えていることを奇しくも実父の人生で現実に目の当たりにしました。

けれど、父が子どもたちのための奉仕活動、福祉活動をしていたとは、なかなか信じることができませんでした。

「私には、皆さんがおっしゃることが信じられません」

父のしてきたことを聞くたび驚きました。父が人々に愛され感謝されているなんて、別人の話のようでした。私は、子どもの頃、父の暴力におびえた日々、絶縁のきっかけになった父の行動を話しました。

「えぇ?! あんないい人が」

「信じられん‼」

父のボランティア仲間は口々にそう言いました。父は、自分の離婚のいきさつを、自分に都合のよいように話していたようです。

「いやいや、私には、あなたたちの言っていることが信じられません。父が多くの人にしたことは、妻である母と娘である私は、一度もしてもらったことがありません」

「そうかぁ、わが娘にしてやれなかったことを子どもたちにしとったんじゃね」

「罪滅ぼしのつもりだったんだろう」

私は「それなら、どうして」という言葉を飲み込みました。

いくら、他人にいい人と言われても、自分の大切な人を傷つけて……と思いました。そんなことができるならもっと早くしてほしかった。他人にしてあげられるくらいなら、母と私にしてほしかった、というやり切れなさを感じつつも、父の愛、優しさを心で納得する自分もいました。子どもを愛さない親はいない。父はやっぱり本当は心優しい人でした。

愛がある人だったと。

そして、父の病室を訪れるほとんどの人が、一目で私を娘だと気づきました。しかも私を名前を呼ぶのです。

「娘さん？　英子ちゃんでしょ？」

「なんでわかるんですか？」

「お父さんは、あなたのことをよく話していましたよ。もう高校を卒業の歳になったなぁ、もう、結婚しているかもなぁ、もう、子どもがいるかも知れないなぁ……って」

父がよく話していた「娘」と、私の年齢がぴったりだったので、すぐにわかったそうです
「いつか娘の英子が会いに来るって、お父さんいつも言っとったよ」

「……え？」

私は父に「二度と会わない」と伝えたはずでした。

最後に電話で話した言葉を思い出していました。

「生きてる間には、私はあなたには二度と会いません。私は、母と自分のこれからの平安な暮らしを守っていきたいから。

でも娘だから、あなたが亡くなった時には連絡が来るでしょう。その時にはお線香くら

いはあげに行きます。

それでも血のつながっている娘だから、どうしても会わなければいけないことは起きるかもしれません。

その時には、あなたから来ないでください。会う必要がある時になれば、私の方から会いにいきます」

私は「二度と会わない」という意味で言ったのに、父は「会いたくなったら会いに行く」という意味にすり替え「あの子はいつか会いに来てくれる」と思い込んでいました。そして周囲の人に言っていたのです。

臨終

２００８年2月23日土曜日は、倉敷公民館の子育て講座の日でした。

私は、講座やカウンセリング中は、何があっても携帯電話を見ないと決めています。講座中は受講生さんに講座を伝えること、カウンセリング中は相談者のカウンセリングをすることが、私の使命だから、そこに集中します。

いつも「お父さんちょっと待っててね。何か起きるとしたらこれが終わってからね」と祈りながら出かけていました。

その日も前日、前々日より、いよいよその時が訪れるという気配はあったので「これから倉敷で講座をするから、お父さん、待っててよ」と病室の父に声を掛け祈ってから病院を出ました。

講座が終わり、携帯を見ると、従姉とその夫と病院からの着信がずらっと入っていました。電話すると「危篤で、あと数時間、いや数時間もないかも知れない」

「父のところに行きます」

倉敷公民館の笹治館長、育ち合いの会の仲間たち、受講生さん、そこにいたすべての人が、心から私を思いやり「気をつけてね」「祈っています」と心を寄せて、祈り合わせて送り出してくれました。

その夜は、普段雪がほとんど降らない岡山に大雪が降りました。

病院で父に付き添っていると、近くに住む受講生さん友人が電話を掛けてきました。

「英子さん、うちに夕ご飯を食べに来て」

「でも……父のそばにいなきゃ」

「あなた、疲れてるでしょう。しんどいでしょう。こういう時だから、温かいものを食べて元気をたくわえて」

その言葉に甘えて、病院の近くのお宅にお邪魔しました。

料理も人の心も温かく、私は大好きな人に囲まれて、愛と信頼の中で生きていることを実感しました。今も、これからも……心の底から安心感に包まれました。

病室に戻り父に言いました。

「お父さん、安心して。私はあなたの娘よ。私は皆に守られ、支えられ、愛されているよ。命をありがとう。あなたの人生をありがとう」

その言葉は父に伝わったと私は信じています。

翌朝、雪が降り積もった銀世界、まぶしく昇る朝日に病室が照らされる中、ひとり娘の私と、ボランティア活動を一緒にしていた人に看取られ、父は逝きました。

私の幸せな姿に、安心してこの世から旅立った。と私は信じています。

父は最期の日まで私を思って、逝くタイミングをみはからってくれたと、とその時思いました。

土曜までは講座があり、日・月と休みで、火曜からまた講座がありました。

父が亡くなったのが日曜。一般的には月曜にお通夜、火曜の葬儀となりますが、友引だったので、通夜は24日日曜、葬儀は25日月曜、ちょうど講座が入っていない日に執り行うことができました。

もし前後1日でもずれていたら、講座が入っていたため、私は欠席していました。

本当に親は最期まで子どものことを思って、逝く日も選んでくれていた、と私は解釈しているのです。

葬儀

翌日、雪の積もる晴天のもと、父の葬儀が執り行われました。

告別式には、大勢の人が来てくれました。喪服やスーツ姿の人ばかりではありません。親御さんに連れられた小学生くらいの子どもたち、若いお母さん、お父さん、それから厚く着込んだお年寄りが、寒さに震え、足元を濡らしながらも大勢来てくれました。

従姉が言いました。

「あんたのお父さんに、助けられた人たちよ」

彼女は父のゆかりの人たちに葬儀日程を伝える時、見送りたい人に来てほしいと知らせていました。香典も持ってこなくていい、服装も普段着でいいと付け加えて。中には生活の苦しい方も少なくないから、と。

そんな方々から、口々にいただく「ありがとう」の言葉。

「体裁とか付き合いでここに来た人はいない。みんな、あなたのお父さんに感謝を伝えて、お別れをしたくて来ている人ばかりよ」

父に助けられた人がこんなにいたのか。遺影を持つ私を遠くから手を合わせて叫んで拝む人がいます。目の前に来て手を合わせてくれた初老の人は、小さな声で祈りながら涙を浮かべていました。

本当にあの父の葬儀だろうか。私と別れてからの父は、一体何を思い、どんな人生を送っていたんだろう。

一度も見舞いに来なかった母は、もちろん葬儀にも顔を見せませんでした。一応連絡はしましたが、来なければならないことはない、と私は思いますし、母の心情も理解できます。

私は泣きませんでした。

父の最期を看取ろうと決めた時、最後まで泣かずに「今、私は幸せな娘ですよ」と笑顔でいよう、笑顔で看取り、見送ろうと自分で決めていたから。長年断絶していてやっと再会できたのだから、限られた時間を、悲しんだり恨んだりして過ごしたくはありませんでした。

私も親になって、親の幸せがわかるようになりました。

親の幸せは健やかで笑顔で幸せにしている子どもを見ること。父だって、娘の泣き顔より笑顔が見たいはずです。そう思った私は、病院に通った7ヶ月間も、お通夜、お葬式でも一滴の涙もこぼしませんでした。

それは、子どもの頃に「母親を元気にしたい」「父親を怒らせたくない」「親に心配をかけちゃいけない」……という苦しい気持ちを抱きながら作っていた笑顔とは全く違う、心からの幸せと感謝を感じた、心からの笑顔でした。

お父さん、今、私は無理や我慢をせずに、心から笑顔でいられるよ。心から笑ってお父さんありがとうと言えるよ。そんな姿を父の人生の最期に見せたかったのです。

最期まで笑顔で、感謝を伝えて時を過ごし、看取り、見送りました。

本人が亡くなってから訪れた父の部屋には、幼い頃の私が小学校の修学旅行で買ったお土産のキーホルダーが飾ってあり、私の笑顔の写真が立てられていました。カレンダーにも、重ねられていた何冊かの手帳をにも、私の誕生日の8月11日には毎年「英子誕生日」と印してありました。

私は18歳で絶縁してから、ずっと父を恨んで生きてきました。それなのに、父はずっと私を思い続け、子どもたちのためのボランティア活動を続けていました。

もしあの夏の日、父に会おうと決めなかったら、そんな父の姿は、たぶん一生知るよしもありません。私は実の父を恨んだままで一生を終えていたでしょう。

自分の命の連なりへの感謝もできず、わが命、私からつながった命を愛しい、他者の命を心から尊いと思えなかったかも知れません。

「それでも、あんた、よかったなぁ」

父を見送って何日かたったある日。母がぽつりと言いました。

「あの人はあんたの父親だから、あのままではなく、世のため人のための人生を送ってくれとって、よかったな」

お通夜にも葬式にも、どうしても動けず行けなかった母がそう言ってくれました。

恨み続けるのは辛く悲しい。ゆるしは感謝になり、愛、慈しみに気づき、人としての真我に目覚めるきっかけを与えられるのでしょう。

「いつか、二人で墓参りに行こうな」と私は母に言いました。

父の葬儀を済ませたことを「東京の母」である木村まさ子さんにも報告しました。

まさ子さんは

「お父さんは喜んでおられるよ。光になって見守ってくれているよ。よかったね。そして、よくやりぬいたわね、あなた」と言って微笑み慈しみ深く包んでくれました。

すべてが光に

2012年7月14日に男の子を出産し、娘は22歳で母親になりました。私にとっての初孫。私の母にとってはひ孫。無事に産まれたその子を抱いた時、母は本当に嬉しそうに微笑んで言いました。

「ああ、生きててよかった。ひ孫を抱ける、こんな幸せなことはない」

母は孫（娘）にこう言ったそうです。

「あんたも女の子をいつか産めるといいね。女の子を産んだら、その子が自分の子どもを産んでくれて、自分の孫、ひ孫が抱けるんよ」

この言葉に、母が自分の人生を受け入れ、自分の命、私、娘へとつながっている命を喜んでいるのを感じました。

母の人生、私の人生、そして娘の人生。どの出来事、どの出会いがひとつ欠けても、この命は存在しませんでした。

すべての事象、出会いがあって、今があります。

なかった方がよかった出来事や、出会わなかった方がよかった縁は、何一つない。

心からありがたいと感謝しています。

２０１５年11月29日、私は「魂の記憶、魂の使命、魂の響き合い」と題して、講演会に池川明先生を招聘しました。

長女が子どもの頃に「私はお母さんを幸せにするために生まれてきたんじゃない。私は私が幸せになるために生まれてきたんだ」と言っていました。それも真理で、やはり結果的に、子どもは親を幸せにするために生まれてきたということになるのだと思います。

子どもは自分が幸せになることで親に幸せを与える存在です。子どもが健やかに、その子らしく幸せな人生を生きてくれるのが、親にとっての一番の願いであり喜びだから。

子どもが、親のために生きるのではなく、自分のために生き、幸せになるのが、親の本当の幸せ。

そこにたどり着くために、子どもたちは親が悩むようなことをしたり、親子の対立がおきたりします。すべては愛でつながるために、別個の人格を尊重し合い、調和していく道のために。信じる愛にはじまり、祈り待つ愛に終わるのです。

親を幸せにするために、親を選んで生まれくる……という内容の講演会のエンディングに、

「これが私の選んで生きてきた道です。母を選んで私は生まれた、今ここにいるために」

というテーマの映像が流れ、その最期の場面に、孫を抱いている母の写真が映しだされました。

それをご覧になった池川明先生が、優しく微笑みながら

「この子が今までのあなたの命のつながり、命の始まりから、ご先祖様、すべてを光にしてくれましたね」とおっしゃいました。

その言葉に、私は、至福感に満たされ、目頭が熱くなりました。感謝で胸がいっぱいになりました。

幼い母が養女に出された先で丸2日も泣いていた時、周囲の大人にたちになだめすかされ、その後は逃れられない環境のもと、理不尽な厳しさや権力に支配されて自分の感情を抑えてしまった。そして、その日から甘えを封印し、感情を抑圧して生きてきた母の人生。

甘えないことも、感情を抑えることも、美徳ではありません。

抑えれば抑えるほど、あとあとの人生で厄介なことが起こってしまいます。

なだめすかされ、理不尽に厳しされ、権力に支配されて自分の感情を殺してきた母のように、私は父が暴れた時、感情を抑えました。

母はひとことも「感情を抑えて生きていきなさい」なんて言わないのに、子どもの頃の私は、感情を感じずに生きていました。

よく「子どもは言うように育たない、するように育つ」というが、親子は連鎖するようです。人は生きるために何歳でも知恵を働かせる。この環境でいかに生きるか、体験から来たものが知恵。感情にフタをして生きるという知恵が、母から私に連鎖し、私の子どもたちに連鎖するところで爆発した。子どもたちが感情の抑圧という連鎖を断ち切って、新たなる歴史を刻み始めてくれたのがありがたいと思いました。

母も、ものすごく愛情の深い人だったということを、今改めて思います。

苦労続きの人生の中で「この子を置いて死にはせん」「この子は離しちゃいかん」と必死でした。何があっても子どものために生きる覚悟だった母。母の愛。

今でも母は戦争を恨んでいます。

「親に捨てられた人間の人生は……」「戦争さえなかったら」「養女にさえ行かされなかったら」「結婚さえしなかったら」とこぼす母。

もし、それがなかったら私は生まれていないし、そしてあなたが大好きな孫もひ孫も生まれてないのだけど……私は、あなたがその人生を生きてくれたおかげで、父があの人生を生きてくれたおかげで、今の幸せがあるからありがたいと思って感謝しているんだけど……と思いながら、私は、今はそれを黙って聞いています。孫とひ孫の成長と笑顔がなによりの喜びで、清貧を心掛け、自分のことより、こよなく愛する家族のために尽くす人生を生きている母の傍らで。

私はゆるせない人もゆるせるせるせるようになりました。だからといって、ゆるしがたいものをゆるせと、母に強要することはできません。

そんな恨みごとばっかり言っていたら人生、悲しいよ、とは思うけれど、今は言わないでおこう。母の人生は母のものだから。私は母の幸せを祈ります。

でもきっと、母が生きていること、その命が私、娘、息子、孫へと引き継がれていくことを、母の実父母、実妹弟も天で喜んでくれていることでしょう。そして、秋には登志子の誕生日を思い出して、天で家族みんなで祝ってくれていると信じています。

会ったことのない祖父母に「あなた方が私の母の名に生年月日をつけた時の心、たくした想い、あなた方から継いだ命とともに、大切にして生きていきます」と誓い、見守っていてくださいと祈ります。

娘、息子、孫、その命のつながりのおかげで、母のこの笑顔を見ることができました。自分が生まれてきてよかったと、これまであったあらゆること、すべてがありがたいと、今は思えます。

村上和雄博士との出会い、ご縁

私の恩人の中で、どうしても欠かすことのできないひとりが、日本を代表する生命科学の研究者で遺伝子の世界的権威の筑波大学名誉教授の村上和雄博士です。

２０１０年10月30日那須塩原で感性論哲学・思風塾の世界大会「愛の力・21世紀は愛の時代～理性の限界・愛の力にスイッチオン～」が開催されました。

村上先生との初対面は前泊していた旅館のロビーでした。

著名な博士だと気づかないまま、私は遺伝子の成り立ち・しくみ、遺伝子のスイッチオン、オフについて、いろいろと質問したり、私なりの率直な想い、私の生業についてお話させていただきました。博士は、私の話も優しく熱心に聞いてくださり、私の質問にもていねいに答えてくださり、熱く語ってくださいました。

翌日、「愛の力・21世紀は愛の時代～理性の限界・愛の力にスイッチオン～」でご登壇されている方を見て私は驚きました。その前日、旅館のロビーで話し込んだ方がいます。その人こそ村上博士でした。

終わってから壇上から降りて来られた博士は、私たちのところに来て、

「これから懇親会があるから来ないか？」会が終わったあとに博士は誘ってくださいました。

その席で惹き込まれるようにお話をうかがったのを鮮明に覚えています。

「私は、臨床心理学に基づいた人間関係づくりの講座をお伝えしている者です。愛が遺伝子スイッチオン、とても合点がいきました。私は、愛が伝わる人間関係によって愛が実感できる心は遺伝子スイッチオンをするのですよね。それを証明するお力添えを下さい」

「そうだよ！　その通りだよ！　自信を持って君はそれを伝えていきなさい」と言ってくださって、まさしく、私の遺伝子がスイッチ・オンになりました。

引き続き懇親会でも。ふたたび語り合いで盛り上がりました。

まさしく、村上和雄先生が常々云われているところのナイトサイエンスです。

あの日の夜の村上博士との出会いで、私の人生は大きく動かされたと言っても過言ではありません。

「岡山に行って、それを証明してあげよう。そして、一緒にやっていこう」

とおっしゃってくださり、私は思いつきで、直感で
「ぜひ、岡山に講演にいらしてください！」

と、大それたお願いをしていました。そして、村上和雄先生は快諾してくださいました。

しかし、それが実現するには、数年の月日が必要でした。

岡山に帰ってすぐ、村上博士に電話をしましたが、なぜか、全くつながりませんでした。何度かけ直しても自宅はつながらない、つくばの研究所に聞いても口を濁されてしまいました。

数日後、奥様から電話をいただき、博士が脳梗塞で倒れ入院されていたと聞きました。ご快癒されたと聞いても、諸事情を考え「もう講演には招聘はできないだろう」と思っていました。

2011年3月「村上和雄ドキュメント『SWITCH』遺伝子が目覚める瞬間」という映画ができました。

上映会&講演会を岡山で開催することを決め、主催の自分がまず拝見しなくてはと、私は『SWITCH』の上映会に参加すべく東京にある会場に向かいました。道に迷ってしまい遅刻気味で到着してドアを開けると、ちょうど出てこられたのが村上博士その人。

「やぁ、久しぶり！　何やってるの？」

「ご無沙汰しております。久しぶり…とおっしゃってくださり、私のことを覚えてくださっていらっしゃるのですか？」

「もちろんだよ。覚えてるよ」

「お元気になられてよかったです。私、岡山で映画を上映させてもらうので、拝見しに来ました。那須塩原でお会いした時は『講演してください』とお願いしておりましたが、映画を上映させていただきます」と申しあげると
「岡山に行くって言っただろう。どんどん連絡してこいよ、諦めるなよ」

と、あの時と変わらぬ熱意でおっしゃって下さいました。

それ以来、各地、岡山近郊で行われる村上博士の講演に行き、定期的にお会いすることはありましたが、岡山での講演はなかなか実現しないまま数年が過ぎてしまいました。

2016年になって「SWITCH」を配給していたサンマーク出版が配給を終えると聞き、その締めくくりに5周年記念上映会を開催すると聞いて、ご挨拶したい感謝を伝えたいと思い、東京に向かいました。

会場入り口のそばで愛知から参加する友人と待ち合わせました。

「ごめん！　新幹線のチケットを忘れた。今から取りに戻ってくる」

「了解。これはきっと何かあるよ」

友人を待ちながら、私は何か善いことが起こりそうな予感をキャッチしてワクワクしていました。

友人が来たのが開演直前となり、扉近くの空いている席を見つけ、

「しょうがないここに座ろう」と入り口近くの前の方の席に座りました。

すると、偶然目の前の席に、村上博士と奥様がいらっしゃいました。

「お久しぶりです」

驚きながらも、近況報告や、こういう思いであれから数年経ちましたが、諦めずにお招きたいです、という意味のことを伝えました。すると、村上博士の奥様が
「岡山に行きましょうよ。私がついていってさしあげますから」

そのひとことで数年間決まらなかった話が一瞬にして決まってしまいました。

２０１６年にやっと実現した村上博士の岡山講演。

壇上での鼎談の時のＭＣは、博士の研究をベースにした映画「祈り～サムシンググレートとの対話～」でカメラを回した荻久保則夫監督にお願いしました。

前日に、村上博士、奥様、荻久保監督、私の４人で打ち合わせをかねて食事をしている時に 村上博士の奥様が「ゆるし」について語ってくださいました。この方も、いつも心の支え、手助けとなってくださっています。

母上と慕う村上先生の奥様の話を聞いて、私は、何気なく本書に記した私の体験を話しました。

「それを本にしなさい。多くの人が救われるでしょう」

村上博士の言葉に、私は自分の体験が本になるほど珍しいものだと知りました。

博士はさらに「よい話を聞きました。岡山に来てよかった」と言ってくださいました。

村上博士の奥様も、

「素晴らしい体験ですね。村上がそういうと、現実になるケースが多いのですよ」

と添えてくださいました。

そして、それが現実になっている今、とてもありがたいと心深く思うのです。またしてもナイトサイエンスでした。遺伝子スイッチオンでした。

それからの子どもたち

後ほどまた登場しますが、私の講座をご夫婦で受けてくださったことがきっかけで、岡山にアースエイト保育園（現在はアースエイトユニバーサルスクール）という、親業、人間関係講座をベースにした素晴らしい保育園を創られた人がいます。

今、娘はそこで幼児教育の先生、保育補助の職員として働いています。

娘と、一緒に仕事ができるなんて夢のよう。

保育園で、幸せになったり、悩みが解消した親子を目の当たりにしている娘は、私の最高の理解者で、最高の協力者になってくれています。

息子は私の心の土台を支えてくれています。

言いたいことを言いあって、本音で話し合ってわかりあいたいが、そうでない関係も認めることも大切。自分の意見を押しつけないと考えるのであれば、自分の意見を押しつけたいと考える人に「押しつけないで」と押しつけない。「押しつけたい」人を理解し、受け入れ、ゆるし、認めることも大切。尊重とはそういうこと、理解とはそういうこと。それを、息子から教えてもらいました。

私が自信を持てるのは彼のおかげでもあります。

人の本質は慈しみで愛である

私は「人は変わることができる」というメッセージを多くの方に伝えています。

これは、その人の本質が変わっていくという意味ではなく、人間関係で本質が明らかになり、表れてきて、人は変わる、成長する、深化する、ということです。

私は、自分自身が実感もしてきましたし、多数の結果も見てきました。表面や態度はいくらでも変わる。うちの子どもたちの成長、父の人生が、生きた実例になってくれました。

まさか「人は変われます」「なりたいものになれます」という真実や、変わらなくてもよいという逆説的な真理を父の経験を通して伝えられるなんて、と今も思います。

父の場合、暴力を振るうという行為は変わりました。けれどもそれは、父という人の本質が変わったのではなく、父の表層部分、つまり感情の表し方や行動の部分が変わっただけ、ということです。

父の本質は実は愛でした。暴力という行動だけを見て「父に愛なんかない」と思っていましたが、それは、本質が現れていなかったから、私からは見えなかったということ。

父が表現していなかったから見えませんでした。私も見ようとはしませんでした。私もまた、嘆きや悲しみ、恨みの感情によって、見ようとする心の瞳は閉ざされていました。

父のように、人は、誰もが、慈しみ、愛の心を持っています。そう私は信じています。

父はあの生き方を通して、人の心の本質は愛であり慈しみであると私に伝えてくれました。心の瞳で見る大切さも教えてくれました。

私は、愛しているということと、愛が伝わっているということは同じではないと、身を持って知りました。

人の心の中に、愛はいつもあり続けます。しかし、あるだけでは伝わらず、相手が実感できるように伝えてこそ、愛は愛として生きるのです。

人は愛を求めあい、与えあい、幸せを実現し、幸せの伝承に命を使い、命をつないでいきます。

あなたから広がる愛と幸せを、あなた自身が、まず実感してほしい。愛されるべきはあなた。癒やされるべきもあなた。まずは自分を愛し、自分を誇り、自分らしく幸せに生きてほしい。

そして、その愛と幸せを身近な大切な人へと渡してほしい。

限りなく自分に優しくあり続け、自分を愛し続けてほしいというメッセージを伝え続けていきたいと、私は思っています。

偉人は身近に、愛は目の前に、幸せは足元に、いつも存在しています。

二部・人間関係講座受講生たちの事例集

私はこの社会を「自分は幸福に生きている、人も幸福に生きている」と実感する人たちで満たしていきたい、愛で調和された平和な社会の実現を願って、親業、自己実現、潜在意識、人間関係、コミュニケーションなどの講座を開講しています。

多くの人がまず「自分らしく生きる幸せ」と「円満な人間関係」を追求し実現していくことで、幸せな人、周りの人を幸せにする人が増え、結果、平和な社会を創っていくよう講演もしています。

「自分らしい幸せ」は人から与えられるものではなく、自分自身の心のありようが大切です。年齢、性別、立場などは関係ありません。心のありよう、心の成長は人間関係によって培われていくものです。

「自分らしく生きる幸せ」を見つけ、愛と信頼の心が通い合う健全な人間関係を築いて、のびのびと羽ばたき輝いている、そういった受講生さんたちをご紹介します。

取材がきっかけで出会い、今では親友に

白数直美さん（NHKディレクター）

きっかけは取材

ＮＨＫで数々のヒット番組を制作している白数さんとの出会いは２００６年、季節が春から初夏に移ろうとしている頃でした。

受講してくださった方の子育ての葛藤と、愛に目覚めた子育てを追いかけた番組の取材で、受講する講座の様子と子育ての様子を撮影したいとのことでした。

前に書いたように、私はテレビに出ることには乗り気ではなかったのです。しかし白数さんと直接会って話をしたら、共感する部分も多く、お互い話題はつきることなく、打ち合わせは長時間におよび、盛り上がりました。

まさかあり得ない凡ミス

彼女は自分が受講するかのように真剣に情熱的に取材をすすめていました。共感して理解し合って、一緒に泣いたり笑ったり、受講生さんとも仲良くなってくれて、本当に入り込んでくれました。撮影も彼女が担当し、インタビューも撮り終えました。

撮影が終了して、さぁこれから編集！　という時、はっと気がついたそうです…音が入っていない。音無しでは、せっかくの取材が水の泡です。

なんと講座の撮影の時、カメラのマイクのスイッチが入っていなかったのです。白数さんほどの有能な人が、あり得ないミスです。マイクのスイッチを入れるのを忘れるくらい、一生懸命に参加して、受講生と一体になっていたということです。

「ごめんなさい！」と頭を下げる白数さん。私に叱られるか、呆れられるかを覚悟していたそうです。

しかし私は彼女にこう言ったのです。

「一番ショックを受けて傷ついて辛いのは、思い入れを持って、手間ひまかけて、一生懸命に取材したあなたでしょう」

打ち合わせの時からずっと心が通い合っていたように思えて、どれだけの情熱を傾けて取材をしていたのかを私はわかっていたつもりです。

局内で失敗を告白した白数さんは、この時のやりとりを同僚たちに話したそうです。「親業訓練インストラクターの江崎さんは、ミスをした私になんて声をかけてくれたでしょうか？」

「怒られた」「呆れられた」「責められた」「もう一回やろうよって言ってくれた」など、さまざまな答えが出ましたが、「辛いのはあなたの方でしょう」という言葉は誰からも出なかったらしいのです。

もしも「番組が取材してくれるから売り込みのチャンスだわ、私、頑張らなくちゃ」とか「彼女の成功のためにいろいろしてあげなくちゃ」と気負っていたり、してあげた感がいっぱいだったら、「こんなに頑張ったのに」と「あんなにしてあげたのに」などの思いが出て、がっかり絶望して、白数さんを責めていたことでしょう。

でもこの時の私は、それは私の問題ではなく彼女の問題だとはっきり認識していました。だから「つらかったね」「ショックだったね」の共感をしても、彼女を責めたり同情したり励ましたりせずにいられたのです。取材前に白数さんには「番組取材をお受けしての講座であっても、講座の主役は、あくまで受講生さんですから」と告げていました。だから、私には講座をやり遂げた充実感がありました。

その後、白数さんに「もう一回撮り直しに協力しましょう」と私から提案しました。

実は、そのミスを聞いた時には、すでに受講生さんたちに連絡し、会場も押さえ、再取材に対応できる準備を整えてありました。もちろん白数さんには一言も言わずに。

用意して待つけれども、こちらからは手を出さない。心は寄り添うけれども、手助けをしようとせずに、見守り続けていただけ。白数さんは自力で立ち上がれると信じていたから。

喜んだのは受講生さんたちです。取材のためにもう一回講座のようなものが体験できるのですから。

そうしてできた番組が２００６年９月28日に放送されたＮＨＫ岡山放送局「きびきびネット」内の「親業訓練で子どもと向き合う」です。

放送は大好評で、その後も白数さんは岡山放送局では三度、東京に転勤になってからは「あさイチ」「あしたも晴れ人生レシピ」で「自分を知って！イライラ解消」というテーマで取り上げてくれています。

私の対応は、同情も励ましも、提案もしない、ある意味厳しいものだったと思います。でも共感してその人のありのままに寄り添うというのが本当の優しさであると自負しています。

その厳しい優しさが「辛いのはあなたの方でしょう」のひとことで伝わった。その心を受け取ってくださった白数さんの心を嬉しく思いました。それで私と白数さんは、心から信頼しあえる間柄になれました。

今でも何でも腹を割って相談できるし、人として大好きです。私が東京に行く時は自宅に泊めてもらって甘えています。私のかけがえのない心の友です。

仕事のストレスと「自他分離」

なぜ人は仕事でストレスを抱えさせられたり、抱えたり、逆にストレスを与えてしまったりするのでしょうか。

それは、仕事が結果重視だからとか、期待の重圧があるから、ではなく、仕事上の責任や人間関係において自他分離ができていないからです。

自他分離というのは「心に問題を抱えているのは私」か「心に問題を抱えているのは相手」と相手の行動を感じる自分の心の領域を切り分ける（＝区別する）ということ。自他分離ができていないと、人は自分の責任範囲以外、要するに相手の領域に踏み込み過ぎます。自分の領域に取り込み過ぎます。

心理学では、人間関係が健全であればあるほど自他分離ができるといわれています。「私が責任を負わなきゃ」「うまくいかなかったら助けてあげなきゃ」「私のせいでこうなった」「悪いことをした」など影響を与えていないのに他人の責任を抱え込んでストレスになるのです。これを「巻き込まれた状態」といいます。

また「あの人のせいでこうなった」「傷つけられた」「困らされた」と他人に責任を押しつける状態を「巻き込んだ状態」と言います。健全な関係は巻き込まない、巻き込まれない関係です。

もし、私が白数さんに対して自他分離ができていなかったら、彼女を責めたり、慰めたり、励ましたり「何とかしてあげなきゃ」と一緒になってあがいたりしていたでしょう。

自他分離ができていたから、白数さんのミスに対して寄り添い「辛いのはあなたの方でしょう」と言って、立ち直るのを見守ることができました。そして一緒に作りあげ、達成感を味わうことができました。

番組を作るのが彼女の仕事で、講座をするのが私の仕事です。お互いの領域に踏み込みすぎないで、私は、私のやりたいこと、やることをやればいい。そして、同士として、志をともにし、助け合って作りあげていく。

自分自身を信じられない人は、相手を信じられず、見守れません。自他分離は、自分を信じる自己信頼、自分をゆるし、受け入れる自己受容ができてこそのものです。

さらに自分を信じ、相手を信じる厳しい優しさを持てれば、相手の志、思いを信頼して寄り添うことができます。それは、自立心と意欲と思いやりを育むものすごい力になります。ともに作りあげていくものも、思いもよらぬ素晴らしいものができあがったりもします。

自他分離こそが尊重、調和、創造の源泉です。

しかし、なかなか難しいものです。私自身、白数さんに対してはできたのですが、子育て中、自分の子どもや身近な人間関係に対しては、なかなか自他分離ができにくいものです。ついつい抱え込んでしまう。抱え込ませてしまう。自分を信じる、自分を愛するのも時として難しいものです。

しかし、諦めず希望を持って、自らの愛、他の愛、宇宙の愛を心から信じて、トレーニングを続け、この道を歩んでいきます。

うつ病を克服、人間関係の講座がライフワーク

笹治英昭さん（元倉敷公民館館長）

公民館で親業講座をベースにした子育て講座を主催

倉敷市倉敷公民館に新しく館長として赴任してきた当時の笹治さんは「親業」という言葉すら知りませんでした。

前任の館長が岡山県内で初めて、親業を行政機関の子育て講座に取り入れていたので、引き続き講座を開設していました。そこで笹治さんは、親業訓練講座を受けてみるみる表情が明るく変わる親御さんたちの姿を見て「これはすごい」と直感。

それから子育てで悩む親たちに少しでも親業を知ってほしいという思いで、倉敷公民館主催の子育て講座、幼児編、思春期編をつぎつぎ企画し、運営してくれました。

当時の思いを、私の著書「子育てをしているあなたの人生を幸せに」のあとがきとして、笹治さんが書いてくれています。

江崎先生の講話で涙を流す受講生が現れ、それは、教室全体に広がりました。それは、一人ひとりの胸の中にある葛藤と、子どもとの接し方がわからず迷っている気持ち。誰に相談しても答えが見つからず悩んだ苦しみが、涙となって現れた瞬間でした。参加された多くのお母さんが、涙が流れたあとはとても清々しく明るい笑顔になっていたのです。そしてその方たちが受講後、公民館からなかなか帰らないという異常事態も引き起こしてしまいました。

お母さんたちが流された多くの涙を見るにつれて、江崎先生の親業の素晴らしさに感動し、この親業を通してひとりでも多くの悩める人を救いたいという思いが、私の胸中に沸き起こりました。

「あのお母さんたちの流す涙は、それでも幸せの涙だ」と、のちに笹治さんは当時の思いを振り返って言いました。

「なぜなら親としての人生を生きていけるから。子育てで悩めるのは、生きているからだから。うちの妻はもうすぐ悩むことすらできなくなる。子どもたちにとっては、親が自分のことで悩むのを見るのは、苦痛に思うかも知れないけれど本当は幸せなのであって、うちの子たちは悩む母親の姿をもうすぐ見られなくなってしまう」

あとで知ったのですが、当時、笹治さんの奥さんは末期がんで闘病中でした。そして、大学生の長男と、大学受験を控えた長女の二人のお子さんを子育て中でした。

だからこそ、親業をより多くの親に伝え、迷い悩む親をひとりでも多く救いたい。そういう熱い思いから笹治さんは、私が立ち上げた「いろは邑」にボランティアとして熱心に参加してくれました。

うつ病

奥さんが大変な状況なのに仕事に励みました。懸命に子どもを育てた笹治さん。その後、職場が異動になったとたん奥様が亡くなりました。今までの心身の疲労と、新しい職場の人間関係で悩んだことがきっかけになり、うつ病を発症してしまいました。それまで一生懸命に頑張ってこられたからでしょう。

うつ病に気がついたのは私でした。普段は機転もきき、記憶力のある元館長なのに、物忘れが続く、ミーティングの際に上の空で話の辻褄が合わない、何度も同じことを言う、心、ここにあらずという状態で黙り込んでしまう。あまりにもそんな様子が目についたので「最近眠れてる？　食べられてる？　疲れてない？」と聞きました。

すると「実は……最近はちゃんとできていません。夜も眠れないし、無力感にさいなまれています」

「今までのように自分の思う通りの仕事ができない、結果が出せません。言われていることはわかっても、体が動かない、頭が回らない、しんどいだるい。何を言っても、しても、モチベーションがあがらない。不安ばかりで、ぐるぐる話が回りだし、普段では信じられないようなミスもした」といいます。

そして、今だから言えますが「毎日の生活が苦痛で生きていくのが苦しくて楽になりたい」と考えるようになって、「フラフラと道路に飛び出そうとしたり、高いところから下に向かって吸い込まれそうになったり……直後にはっと我に返ったといった不思議な体験もした」とも言いました。

カウンセラーが病気のことを言うのはよくないのですが（そうはいっても、時を見て人を見て言います）さすがにたまりかねて

「あなたうつ病じゃないですか？　病院に行って診断を受けてください」と言ったんです。

私がそう言ったのは、病を本人も周囲の人も認識するためでした。人も周りも病気だとは思っていないから怠けているとか未熟だとか仕事ができないと責めてしまう。自分が病気であることを受け入れるのが第一歩です。病気だとわかればサポートも増えますし、周

りの人の中にも理解してくれる人がいるでしょう。

心療内科の医師は「かなり重篤なので休職した方がいいんじゃないか」とおっしゃっていました。薬物療法に加えて心療内科のカウンセリングをすすめられましたが「薬はなるべく控えます。カウンセリングなら江崎英子氏がいるからいいです」と私のカウンセリングに来てくれました。

運命が開けた

うつ病のような心の病には心理カウンセリングは絶大な効果があります。「夜眠れない」「死にたい」「死んだら楽になれる」「ふと飛び込もうとするとする自分がいる」などと夜中にかかってきた電話に対応したり、これは危ないと思ったら「そこにいて、すぐ行くから」と駆けつけたりもしました。

カウンセリングを続けていくと、笹治さんは心療内科の医師がびっくりするほどの早さで回復し、重篤な状態だったのに病気療養届を出す暇もなく、保険も傷病手当のお世話にもならず、通院だけで済んだ、という嬉しい余談があります。

この話には続きがあります。

私たちが懇意にしている内科の先生が、笹治さんがよくなった頃「人の輪の中に入って元気になるのもいいんじゃないか」と主催している異業種交流会に誘ってくれました。

その席で、笹治さんの隣に偶然座った皮膚科の先生が、うつ病で暗い表情をしていた笹治さんの顔をじーっと見て、言いました。

「明日うちの病院に来なさい。ほくろが気になる」

皮膚がんでした。

「うちの病院では治療ができないから」と大学病院へ紹介状を書いていただき手術しました。早期発見で命に関わるようなこともありませんでした。

その後、すっかり元気になり、精力的に「いろは邑」の活動にもボランティアで参加してくださっている笹治さん。

「もしあの時にカウンセリングを受けていなければ、お父さんは本当にフラフラと身を投げて、命を落としてしまったかもしれない。生きていても公務員を続けられなかったかもしれない。皮膚がんまでもが発見されて、元気で今、暮らしている。今の生活があるのはカウンセリングを受け、講座を受講し、実践したおかげだ」と、息子さんや娘さんに話し、お二人も人間関係や親業の講座を受講してくれています。

笹治さんは、ご自身の体験をふりかえり、退職した後も人間関係の講座を広めることをライフワークにしたい、「笹治さんに助けられた」という人が一人でも現れれば、と決意されています。

心を追い詰めないために

わかってくれる、そばにいて信頼して見守ってくれる、そんな人とのふれあいが、本当に命をつなぐというエネルギーになると信じています。

特にうつ病の方には、通常のコミュニケーションでも、健全な人間に対しても、うつ病の人に対しても、ゴードン博士のいう「コミュニケーションを阻む12通りの対応」はやらないほうがいいのです。

人は相手を信じられない分だけ、提案したり、励ましたり、慰めたりしてしまうものです。なぜそうしてしまうのか、根本には自分を信じられていない、という要因があるのですが。

周囲の人が「そんな死にたいなんて言っちゃダメだよ、子どもがいるでしょう」とか「ああしたら」「こうしたら」とアドバイスをしたり、激励したり慰めたり、あるいはほめたり、同情したりして、よかれと思って言えば言うほど、それは「あなたは自分で立ち直れないでしょう？　私のやり方の方がいいんだから従いなさい」という奥に含まれた不信に近いメッセージを伝えてしまっています。

自分も信頼できない、人も信頼できない、責められてしまう、それでうつ病になっているのに、また信頼されていない、わかっているけれどできない、そうなれないから悩んでいるのに……という悪循環に陥れてしまう。

そして何より厄介なのは、自立できないように依存させてしまうこと。

苦しい辛いと思っている感情を取り上げない。安易に軽くしたり楽にさせたりしない。慰めたり、励ましたり同情したりしないで「それがあなたでしょ、あるがままのあなたでしょ」と。自分の感情に気づけるように。

「今、自分は苦しい、辛い、我慢している、悲しいんだ」という感情を持っていることに自分で気づくと、人は「こうしたい」という欲求が必ず出てきます。苦しいままでいたいのか、休みたいのか、逃げたいのか、立ち上がりたいのか、ただただグチをこぼしたいだけなのか、助けてほしいのか。

それで、グチをこぼしたり、自暴自棄になったり、暴れたりするんですが、感情が昇華したら必ず、同意せず共感して「落ち着いたね。生きてるね。生きてこられたね。辛い、苦しい生きていけないと思っていたあなたが、自分の感情を感じて、ここまでこられたね」って、その人の感情と今ここに生きている、生きてこられたという真実に寄り添って伝える。

泣きたかった人が泣いて涙が乾いたら、寝たいと思った人が眠って起きたら、「生きてるね。生きてこられたね。それがあなたでしょう」って。プロセスに寄り添い、そこをていねいにやると「生きてこれたんだ」「生きていけるんだ」という自信が持てるようになります。

そうなってから「生きていけるんだ。生きていっていいんだと思えたこの命は過去にもなかった、未来にもない、今ここにあるかけがえのないあなたですよ。この宇宙の中にたったひとりのかけがえのないあなたですよ」「娘さんや息子さん、周りの人、あなたを必要としている人がいるよね。かけがえのないあなたを必要としてくれる人がいます」と真心を込めて声を掛けると、人は心で納得し、人の温かさも感じます。

そこを通るとうつ病を克服するのは早いのです。

そういった自己受容は自分自身でもできますが、無意識というか、自分ではなかなか気づかけない領域のものです。そこに気づけるのでカウンセリングはとても有効で効果があります。カウンセラーはただ寄り添い、その人がありたいようになりたいようにサポートします。

「この人は自分で立ち上がれる、必ず生きていける、大丈夫」と思ったら「その人の立ち上がり方、その人の生き抜き方があるよね」と信頼します。そういう相手には、自然と「信じて見守る」となるでしょう。逆を言えば信じられない時に人はいろいろと発言するものです。

カウンセラーには真実性、受容性、共感性、達成感、相互性が必要です。

真実性は、必ず正直であること。信じていないのに信じたふりをしない、共感できないのにしようとしないこと。受容性は、その人のありのままをゆるし、受け入れること。共感性は、相手の悔しさ、苦しさ、辛さ、寂しさ、悲しさ等の感情をともに感じられること。達成感は、自分の人生に満足するよう自分で成していったという感覚。相互性は、お互いに助け合う持ちつ持たれつという関係性です。

私たちは誰も、その人になりかわることはできませんが、同じような経験をしている時の自分の感情を思いおこして共感することはできます。その人の気持ちを完全に理解できなくても、人としての感情のベース、集合意識では、みんなが共有しているのです。ゆえに誰でも共感することができます。

でも、自分の感情、悔しい、悲しい、辛い、寂しい、悲しい……といった感情を感じる前に「～ねばならない」と思い込み、それらを感じずに我を張ってきた人は、人の感情に共感することは難しいのです。頑張って生きてきたという人に多いように思います。

私自身、子どもの頃は生きていくすべとして感情にフタをし、成長していくうちに、世間体や常識を覚えることの方が優先で、自分の感情を実感できない大人になり、子育てしている時も、自分の感情に気づかないようにするのが習性になっていました。

人の気持ちをわかっているつもりでしたが、本当の共感をわかっていませんでした。

でも自分の感情を解き放つようにしていくと、娘や息子の苦しさ、父や母の辛さ、悲しさ、寂しさが、わかるようになりました。それと同時に他人の艱難辛苦《かんなんしんく》や喜怒哀楽の感情も共感できるようになり、ネガティブな感情も肯定的な感情も感じられるようになりました。

自分で自分の感情を解き放ち、感じることをゆるし、自分の感情を受け入れられる分だけ、人は人のことを受け入れることができます。心をより表すことができます。

よく「傷ついた人ほど優しい、苦しんだ人ほど優しく強くたくましい」と言われますが、それはこういう理《ことわり》を表しているのだと思います。

「コミュニケーションを阻む12通りの対応」とは

親業の創始者、トマス・ゴードン博士は、「子どもが心に問題を抱えている」時に（『親業』より）、コミュニケーションを阻む障害となるので、子どもに対して親がしないほうがよい対応を12通りに分類しました。親子だけでなくあらゆる人間関係にも当てはまります。

1・命令・指示

例：「この方法でやりなさい」「それはやめなさい」「明日、そのお友達に返して、って言ってきなさい！」「愚痴ばっかり言っていないで、もっと努力しなさい」

何かをするように（しないように）と言う言葉には、相手を従わせようとする意図が隠れています。言われた側は、何もいえなくなってしまいます。

2・脅迫・注意

例：「ちゃんと練習しないと失敗するよ」「そんなことすると後で後悔するよ」「またなくしたの！　次なくしたらもう買わないよ！」

それがどんな結果になるのかを言う注意や脅迫には、無理強いする意図が隠れています。言われた側は、反感や防衛心が生じやすくなります。

3・説教・訓戒

例：「働かせてもらっているだけでありがたいと思うべきだ」「モテたいなら自分から話しかけるべきだよ」「メダルは幼稚園に持っていくものじゃないでしょ！」

何をすべきか、しなければいけないかを言う訓戒・説教には、相手と師弟関係を作ろうという意図があります。言われた側は、逆ギレなどの反撃で防衛するしかなくなります。

4・提案・忠告

例：「今日はピアノの練習を休んで来週からちゃんと行くのはどう？」「あなたから謝ればきっとうまくいくよ」「毎日こつこつ勉強すれば、試験で良い点を取れるから」

問題解決のための助言や提案を与えられると、言われた側は、自発的に考えることがなくなり依存が生じやすくなります。

5・講義・論理の展開

例：「今はこういう教育が必要なのよ」「昔は大変だったけど、今思うと苦労しておいて良かったよ」「誰でも後から言われるよりその場で言われた方が気持ちいいでしょ」

どうしたら問題を解決できるか、助言や提案を与えると、言われた側は今の自分はダメだというメッセージを受け取りやすくなります。

6・非難・批判

例：「これくらいで嫌だなんてワガママね」「すぐ落ち込むのはよくないよ」「人のせいにしてるんじゃないよ！」「君はすぐに弱音を吐くからダメだ」

○○なんてダメ、とか、間違っている、などと否定的な判断や評価を下されると、自己評価が下がりコンプレックスを抱きやすくなります。

7・同意・賞賛

例：「誰でも休みたい時はあるよね」「そんなに大変なら辞めてもいいんじゃない」「うんうん。それは絶対に良いよ」「取られても我慢したんだね。偉いよ」

○○で合っているよ、とか、それでいいと思うよ、などと肯定的判断や評価を下されると、安易な同意や賛同と捉え、不満や不安につながることがあります。

8・侮辱

例：「何をやっても中途半端でダメね」「そんなことしてよく平気な顔をしていられるね」「あんたが弱虫だから取りたくなったじゃないの！」「そんなのはお前の甘えだよ」

相手を見下し、その人そのものの価値をディスカウントする言葉を言われた側は、低く見られることで自己評価が下がってしまうことになります。

9・分析・解釈

例：「○○ちゃんとケンカしたから学校に行きたくないんでしょ？」「どうせあなたのワガママが原因でしょ？」「それはあなたの劣等感の裏返しじゃない？」

相手自身の動機は何かを解説すると、言われた側は、決め付けられてしまうため、本心を言いだせず心を閉ざしやすくなり、信頼を構築できなくなってしまいます。

10・同情・激励

例：「行けないなんて、かわいそうね」「なにあともあれ頑張ればできるのだから頑張りなさい」「隣の席の子、ひどいね……そんな子、気にしなくていいよ！」

相手の気持ちを切り替えて今の気分から抜け出させようとする言葉を言われた側は、現状や自分自身を否定されているような気になってしまいます。

11・尋問・探りを入れる

例：「どうしてこんなことができないの？」「なんでこんなになるまでほっといたの？」

動機・理由を探る質問で、自分（聴く側）が問題解決するための情報を相手から得ようとすると、相手は問い詰められると感じ、信頼関係が壊れ、本音がいいにくくなります。

12・ごかまし・冗談

例：「暗くなるからもうその話はやめて、美味しいものでも食べに行こう」「その話は後で聞くから、まず宿題やろう」

聞いている側が問題から逃げ、問題から相手の注意をほかにそらす。冗談に紛らわすなどされると、真剣に取り合ってもらえない、受け入れてもらえないと感じてしまう。一時、楽になるので問題解決から逃れるように、ごまかして楽に生きるように依存する。

みんながイキイキと自分らしさを輝かせて働ける福祉施設

高山弥さん（ＮＰＯ法人いるかスマイル代表理事長）

職場のコミュニケーションを改善

パニック障がいを発症したことをきっかけに、心理学や医学の本をたくさん読み、勉強会にも多数参加し学んだ高山さん。

２０１３年２月に親業訓練講座を受講した時、彼はそれまで学んできたものの、どんなに学んでも実際にできなかったり、長続きしないという悩みを抱えていました。

しかし講座で「誰が問題を所有しているのか」「自分の感情を感じることができているか」について学んで、他人の問題を一生懸命に拾っては自分で抱え込んでいた自分に気づいてからは、本来持っている元気を取り戻しました。

当時、彼が勤務していたのは、知的障がい者施設でした。毎日のように「ご飯を早く食べて」「作業しなかった人は、おやつ食べなくてよろしい」「今度約束を破ったら、カラオケは無し！」といった、聞き苦しい利用者への声かけを日常的に耳にしていたし、自分も言っていたそうです。

職員の声かけが原因でトラウマとなり、食事が自分でできなくなった利用者や施設に通えなくなった利用者もいました。利用者は職員の顔色をうかがい、職員同士もギスギスしたものになる。高山さんは考えました「利用者とのコミュニケーション方法のまずさ」と「職員自身のメンタルヘルスの悪さ」を何とかしなければ……。

そこで自分が受講した親業をすすめたり、自分で企画しコミュニケーションのセミナーを開講しました。受講した職員は、利用者への声掛けも変わり、職員同士のコミュニケーションも良好になりました。

親業100％の施設を実現

彼は2015年4月に「NPO法人いるかスマイル」を設立し、障がい者が日中作業をする場所（就労継続支援B型事業所）を立ち上げました。

開設直前の利用の申し込み者はひとりしかおらず、見かねた周囲の人が寄付を集めてくれるほど困難な滑り出しで船出しましたが、6年経った今では手狭になり、休憩時間にトイレに行列ができて困るくらいたくさんの利用者が来ています。

仕事の依頼も多く、お断りしなくてはならないほどの繁盛ぶりです。

正職員は全員、親業訓練一般講座、自己実現のための人間関係講座、看護ふれあい学講座を受講。親業の理論と哲学、コミュニケーション方法をベースに置くことで、すべての利用者が、「その人らしくあれる場所、生きがいとやりがいを持って通える場所」になりました。「ここに来ると安らぐ」「ほっとする」「居心地がいい」と利用者は心底言われます。

もちろんテクニックや手法のみではありませんが、声の掛け方や関わり方が自立を促し愛が伝わり合うように変われば、みんなが幸せになれます。利用者も職員もともに輝いています。多くの人に知っていただきたい事業所です。

このような福祉施設が日本にひろまることを願っています。

内外一致の大切さ

感情を抑えて頑張って生きてきた彼は、感情を出すことで救われた、だから人の気持ちがわかって、寄り添うことができています。そういうことを体感して、迷える人たちを救える人になったのです。

講座では「内外一致を大切に」と言っています。腹が立つことは腹が立つ、嬉しいことは嬉しい、というふうに、事実を見聞し、事実を語る人、心に裏腹なく裏表のない表現する人に対して、人は瞬時に信頼できると感じます。

一般の人は「あなたのことを思って言ったのよ」とか「こういう事情が」とか言われると、知識が邪魔をしてごまかされてしまいますが、知的障がいや自閉傾向があるといわれている人はそういったごまかしがききません。感覚、直感で、人の思いをストレートに感じます。

今まで「できない」「能力が低い」などと否定され続けた人で感性が澄んでいる人に、内外一致していない人が「あなたはあなたのままであってもいいのよ」と言葉だけで言っても伝わりません。心底そう思っていることが伝わるように接する。思いが内外一致で伝われば、自分たちもできるんだという自信を取り戻すきっかけになります。

すると本当に人は元気になり、安心して自分らしくいられます。

真実の人を人は信頼します。それを実践しているのが彼です。

普段の会話から、人を思いやれる気持ちを持った子に

中谷エリさん（主婦）

滑り台でのトラブル

倉敷公民館の子育て講座に参加したのち、講座を受講してくださったエリさん。息子のK君が3歳の頃に公園に行った時のことを報告してくれました。

滑り台で遊んでいたK君が急に滑り台の上で「わーん」と泣きだしました。どうしたのかと急いでみてみると滑り台の途中でお友達を叩いていました。後ろからその子が滑ってきてぶつかったのが元のトラブルでした。滑り台の途中で、もし落ちたら危ない……とハラハラしますね。でもエリさんは「何やってるの！」「そんなことしたら危ないでしょう」「ダメでしょう」とかコミュニケーションを阻む12通りの対応（136ページを参照）を使いませんでした。

K君が滑り台を降りた瞬間、彼女が言ったのが「びっくりしたよ。よかった無事で！」

それから「滑っていて後ろからぶつかられて、びっくりしたんだね、怖かったんだね」

という言葉でした（その前にお友達のお母さんに「すみませんうちの子が押しちゃってごめんなさい」と行動を謝ってからですが）。

K君は「ママ、あっち行こう。ママと一緒に滑ろう」と言いだしました。

誰にも何も指導されなかったのに3歳の子が「小さい子と一緒に滑ったら危ない。ママと一緒に滑ったら安心」という答えを、自分で考えて出したんです。

一緒に滑って落ち着いてから、エリさんはK君にこう声を掛けました。

「K君、後ろの子がすぐに滑ってきたのがイヤだったんだよね。ママはK君とお友達が滑り台の途中で叩き合いになるのを見てすごく怖かった。あんな高いところから落ちたらどうしようかと思ってハラハラしたよ。とても心配だった。お口で『イヤなんだよ、待って』と伝えてくれたら安心だったな。でもね、手が出ちゃうくらいびっくりしちゃったんだよね、怖かったんだよね」といいました。

禁止、命令、脅迫、説教、賞賛、激励……などを一切しない会話です。気持ちを伝え、気持ちをくみ取り、受け入れ、親として何がしたいのか、身体を大切に思い、親が安心したかった、どうなれば安心できるかを伝えています。

しょうがないよ、人間だもの

しばらく公園でお母さんと遊んで、帰りの車の中でK君が言いました。

「あのね、ぼくね、お友達が待っててくれなかったからびっくりしたんだよ、急に降りてきちゃったからびっくりして、それで押して叩いちゃったの。あのお友達、痛かっただろうなあ、叩いちゃったからね」

滑り台のトラブルはすっかり忘れているだろうと思っていたら、そうではありませんでした。大人が「相手の気持ちを考えなさい」「痛かったんだよ」「謝りなさい」などと言わなくても3歳の子がおのずと相手を思いやっています。

エリさんは「ああ滑り台のことを言ってくれたんだね。びっくりして叩いちゃったんだね、お友達のことを心配してずっと気にしていたんだね」と返しました。

K君は、エリさんの「お口で伝えてくれたら安心だったな」という言葉を覚えていたのでしょう。

「あのね、お口で伝えたくても、叩いちゃうこともあるんだよ、人間だからね」と言ったのです。

その後も、K君は、エリさんがちょっと一方的に叱りすぎたと思った時などにエリさんが謝ると「しょうがないよ、お母さん、人間だもの」と言って受け入れ、ゆるしてくれるそうです。

日々こういう会話をしていたら、大きくなってもいじめとは無縁の子に育つとは思いませんか。

「叩かれた子は痛かったなあ」「でも自分も怖かったんだよ。しょうがなかったんだよなあ」と考えられる子が、人をいじめて平気でいられる子にはならないでしょう。

逆に、もしいじめられるようなことがあっても「怖いんだよ」「イヤなんだよ」と言える。言えないのなら、先生や親に助けてもらおうと自分を大切に守る人になれる。人を大切にする、心を思いやり、命を大切にする人に育つ、人に命に感謝するように育つ、と私は信じます。そのように成長していく子どもたちを多く目の当たりにしてきました。

自分で解決する力を信じる

私の周囲には、こういう親子の対話の事例が山ほどあります。講座ごとに、毎回たくさんの実例が寄せられます。

日常会話はお金を掛けずにできるトレーニングです。それで人生にとって一番大事な心の土台、人格の要が作れるのです。

お金を掛ければいいと高額なセミナーが素晴らしいと思っていると、一番大切なものを見失ってしまう。

お金のかからない、目に見えないものを大切にしている人が、人生において一番価値のある、ものすごい宝を手に入れています。一番大切なものは身近にいつもそっとあるものです。

目には見えないけれども、確かに存在している偉大なものに常に生かされていることに感謝して生きていきたいものです。

本当に大切なもの、命を育むためになくてはならないものは、目には見えなくてお金がかからない。されど現代社会を生きていくうえで、お金は大切で必要です。

そして、善き愛のエネルギー循環として潤沢に循環していきたいと願います。

子どもを信じ続けて真の自信を育む

橋本洋子さん（主婦）

ピーマン事件

倉敷公民館の子育て講座に参加したのち、親業訓練講座や人間関係講座などを受講。育ち合いの会の役員にもなっている洋子さん。公民館の主催講座では、スタッフとしてもお手伝いしてくれました。

彼女が息子の義克君を幼稚園にお迎えに行った時のこと。

他の子はお帰りの支度をして並んでいます。我が子だけダラダラしていて（と親が思う態度で）並ばないでじっと座って、親のところに来なかったそうです。

よくあることで「よし君、だらしない」「さっさとしなさい」「先生を困らせないで」「ダラダラやらないの」「どうしたの？」「なんでそんなふうにするの？」「お友達はちゃんとできているのに」とか言うでしょう。もしくは親が手を出してさっさと用意してしまうかも知れません。

でも、それでは言われた子どもに「自分は親から信じられてはいない」という不信感をすり込んでしまいます。子どもは傷つき「自分はできない子なのだ」と自信や意欲を失ってしまうでしょう。さらに「自分のことをダラダラしている、だらしない子だとお母さんが思っている」と思い込まされてしまいます。

そのようにして、性格、性分は確立されていきます。人格形成に最も影響を与えるのが、日々の人間関係、心遣い、声かけです。日々の育てようによって「人は育てたように育つ」「言ったように育たずしたように育つ」ものです。

人間関係講座も親業一般講座も「相手のしていることの、事実を伝えましょう。すなわち、行動を表現しましょう」から始まります。

洋子さんは、ただ子どものしている行動の事実を伝えました。

「よし君どうしたの。水筒、引きずってるよ。制服は片手を入れたままで、じっと座っているね」

「だってだって僕は全然ダメなんだもん。ダメな子なんだもん」

そんなふうにぐずる息子に対して、私たち親はゴードン博士の避けた方がよい「コミュニケーションを阻む12通りの対応」でこんな声を掛けがちです。「何を言ってるの。もう帰る時間でしょ。早くしなさい！」「そんなこと関係ないでしょ。また始まった」「そんなことないよ、よし君はすごいよ、あれもできる、これもできる」「さぁ頑張ってやろう」「やっぱりダメな子ね」……。

でも洋子さんは、そのような声掛けはしませんでした。

「そう。自分で自分のことを全然ダメだと思ってるんだね」と、親の価値判断をはさまず、子どもが自分のことをそう思っている、という事実で返しました。

「だってだって僕はダメダメな子なんだもん」

「自分のことをダメな子だと思っているのね」

洋子さんがもう一度事実で返すと、よし君は事情を話しました。

「だってボク、一生懸命ピーマンを食べたのに、そうしたらお弁当を食べるのが遅くなって、帰る用意ができなかった」

その子はピーマン嫌いだったんですよ。洋子さんは「今ピーマンなんか関係ないじゃない」「そんな話してないで早く用意しなさい」「みんなが待ってるじゃない」「ちゃんとしなさい」「ピーマンを食べたんだ。偉いね」「だからいつも言っているでしょ、早く食べなさいって!」などとは言いませんでした。

「今日ピーマンを食べたんだね。それで帰る用意をする時間が足りなくなったんだね」

「うん。でも自分でやるって言ったのに『よし君いつも遅いけん』って、お友達が先生からの手紙をもらいにいってしまった」

「よし君は、先生からの手紙を自分で受け取りたかったんだね」

「うん、そう。〇〇くんのバカ」

ここでも「人のことをバカと言わないの」「せっかく受け取りに行ってくれたのに」「自分で行くからと言えばよかったのに」「よし君がグズグズしているからでしょ」……と言いがちですが、やはり洋子さんは事実で返します。

「そうか、それは悲しいな。悲しかったなあ。悔しかったなあ」

と、心からの共感を込めて接すると……6歳の子がしばらく考えて、こう言いました。

「月曜日からはピーマンが入っていても、もっと早く食べられるようにしてみる」

親は、「ピーマンを入れるとこういうことが起こるから、もうお弁当にはピーマンを入れない」とか「ピーマンをみじん切りにして隠して食べやすくする」とかいう、偏食で子どもが困らないように先回りをした過保護的な対応をしたくなります。また、先生に「プリントなどは、うちの息子にも直に渡してください」とか「うちの子がしょげてしまっているので、気に掛けてください」とか、これまた先回りして、先生に手助けをお願いする親も現代は多くいます。

でも、洋子さんは、そんなことがあったからといって、子どもから「～して」と、頼まれていないことはしませんでした。それが、過保護にならず自発性を育む、信じて待つ、親としての毅然性です。子どもに親の愛が伝わる愛情の態度です。

「ピーマンを入れないで」とも「ピーマンを隠して食べられるようにしてくれ」とも頼まれていない。お母さんはずっとよし君が嫌いなピーマンをそのまま入れ続け、この子もずっと食べ続けました。先生に先回りの配慮を頼むこともしませんでした。

洋子さんは、子どもが困らないように過保護に育てるより、困ったと思うことが起きた時、自分で考え、判断し、乗り越えられるように、必要な時には「手助けしてほしい」と言えるように育てる。つまり自立をうながしているのです。

人は守れば守るほど弱く育つ。信じて見守れば見守るほど優しくたくましく育つものです。

そして、このように温かく優しく見守ってもらった、思いやりを受けた経験のある子は、同じような気持になっている人に対して、してもらったことができる優しく思いやりのある人に育ちます。

思いやりの連鎖と自立の伝承。人からしてもらったことは人に返すことができます。

「自信がない」と堂々と言える自信

洋子さんは育ち合いの会の役員ですから、定期的に顔を合わせていました。息子さんが小学5年生の時に、私の講座を受けたいと言いました。

「うちの子、自分に自信がないんです。友人関係や勉強や、自分自身のことで悩んですぐに『どうせ僕なんてダメだ』とか『無理』とか『自分に自信がない』とか言うんです」と親子でカウンセリングを受けに来ました。

カウンセリング終了の頃

「あなたの息子さんは自分に自信をもたれていますね。自己肯定感がおありですね」

私がそう言うと、洋子さんはぽかんとしていましたが、横にいた息子さんは堂々と「そうだよ」と言いました。

「そうよね、よし君は自分に自信があるのよね」

「うん。僕は自信があります。僕は僕だから。だって僕、自信がない、自分がダメな人間なんだって親に言えているから」

「自信があるから『自信がない』って言えるんだよね。強がったり取り繕ったりしないで、ありのままの自分で言えているよね」

友人関係や勉強のこと、思春期にさしかかればいろいろあります。自信をなくした子どもが「自信がない」「投げ出したい」と言ってくれれば、親は心配になるでしょう。

でも「ダメで自信がない自分」を受け入れ、自信を持っていないと親には言えません。相手を信頼していないと言えません。無意識にしてもわかってくれると信頼しているから言えるものです。

ネガティブなことを親に言えるのは、心の根っこにそんな自分を自分で受け入れていて、しかも親がわかってくれるという信頼感が心の深層にあります。

自分に自信のない人や相手を信頼していない人は、自分のそういうところを表に出せません。

自信がなくても虚栄心から自信がないと言えない、でも。自己肯定感がある人は、自信がなければ、ないと言えます。そして、無意識に自分で乗り越えられるという自信を持っています。

カウンセリングを終えて、帰りがけに息子さんは、洋子さんに言いました。

「お母さん、僕が僕らしく生きられるように、お母さんらしく僕のための子育てをしてくれてありがとう」

自信と不安の正体

私を含め過保護の親は、ピーマン事件のようなことが起こると「うちの子が傷ついて、明日は幼稚園に行きたくないって言ってるんです、ちょっと、うちの子に気をかけてくれませんか」と先生に言ったりします。子どもに頼まれてもいないのに、子どもが傷つかないように先回りしがちです。

子どもが困らないようにあれこれしてあげるのは親の愛だと錯覚しがちですが、果たしてそうでしょうか。

子どもが自分自身で問題を解決するせっかくのチャンスを奪っていることになります。過保護と過干渉の親は、本当はみんな不安なんです。なぜ過保護・過干渉な対応をしてしまうかというと、不安で子どもを信じられない、自分を信じられないから。そんな人に「子どもを信じて、見守ってあげよう」と言っても、それが良いのはわかっている、そうなりたいのは山々でそれでも信じられなくてつい手や口が出てしまう。

そのような人には正論やあるべき姿を言うより、まずは自分への信頼を取り戻せるようにサポートすることが肝要です。自分を信じられるようになったら相手を信じることができます。

自分の人生でいろいろなことを乗り越えてきた人は、自信があります。子どもに対しても「この子は大丈夫自分でやっていける」「色んなことがあっても乗り越えられる」と信じられるものです。

自分を認め自分を受け入れゆるした人は、人を受け入れゆるし、信じて見守ることができます。どんなことがあっても「これはこの子に起きた大切な問題で、この子の人生にとっては必要なこと。この子がよき時に、よきように解決するよね」と思い、信じて待つことができます。

私は父をゆるせなかった頃、子どもが私のような思いをしないように、守ろうとしました。しかし守れば守るほど、子どもは自分で自分を守れない、自分の足で歩むのを恐れるようになっていきました。

でもあの父に対しての心の傷に向き合い乗り越えてから、愛に気づいてから、自分以外の人に対して「この人も愛を感じられる、自分を信じて自分の力で生きていける、乗り越えられる」と信じ、見守りながら祈り待つことができるようになっていきました。

娘の反抗が教えてくれた親子の深い愛

わかなさん（保育士）

我が子の思春期の反抗

わかなさんのお母さんは保育士です。とても優しいお母さん。

講座を受講したのは、わかなさんが高校生になった頃。学校に行かず、勉強もしない、派手な格好で夜に出かけて、ボーイフレンドと遊び歩くなど、親が心配するような行動が続いていました。以前はお勉強のできる可愛らしい素直な子だったのに、どうしてそんなに変わってしまったのか、とわかなさんのお母さんは悩んでいました。

子どもは自分らしく生きていきたい、自分のやりたいことをやりたい、なのに親が型にはめて、思い通りにしようとする時、抑圧された反動で心の葛藤が爆発します。それが内面に溜まると心身症を患ってしまいます。また、この子のように外面に出ると反発という行動になります。

私はわかなさんのお母さんに言いました。

「本人は気づいていない無意識だけど、親の愛を感じているから反発できています。わかなさんは愛あふれる優しい子で、自立を目指しているところです。親や周囲を困らせたくてしているのではなくて、愛された実感をつかみたくて、自分自身を確立したくてしているのです。そこに親であるあなたが気づくと、この問題はよきように解決するでしょうね」

親が「私の中には愛があって、それは必ず子どもに伝わる」という自分の中の愛を信じられないと問題は起こる可能性があります。だから親が自分の中の真実の愛に気づき、その深き愛に自信が持てるように、私はサポートしています。

親が自分の中の真実の愛に気づき、自信を持てるようになると、子どもに対して「そんな言い方して」とか「やめなさい」とか言わなくなり、巻き込まれた状態にならずにすむ。親が子に、いわゆる自他分離（123ページを参照）を持って共感することができるようになります。

「あなたが苦しいのね、辛いのね。お母さんにそうやって腹が立つのね」と子どもの気持ちに目が向けられるようになるんです。

そして、この子自身も苦しい、親を困らせようと思ってしているのではない、苦しいからやっているのだ、自分らしさを見つけたい、自分らしく幸せに生きていたい、愛を感じたくて、幸せになりたくてそうしている、と思えるようになるのです。

まさしくお母さんに激しく反発し、愛を求め、愛を引き出していく、お互いが愛を実感する道を進むわかかなさん。

もしかしたらこの子も愛を与えて、母性豊かな人になりたいんじゃないかな、と思えてきたので、私はわかかなさんのお母さんに言いました。

「この子はあなたと同じように、保育士さんとか教育関係の職に就くんじゃないかしら」

「えーっ、そんなこと、あり得ません」

とわかかなさんのお母さんは断言していましたが、何年かぶりに再会した時に、報告してくれました。

「うちの娘が保育士になりました」

実は私の直感は案外当たるのです。その人が傷ついたところ、悩んでいることから、深く深層心理に本人が気づくようにサポートしていくと、天命や使命を探そうと思わなくても、ピン！　とくることがあるのです。

わかなさんは、愛されたい、愛された実感がほしいと叫んでいました。それだけ心に愛がありました。

だから愛を感じられない子、愛の実感のないまま親になった親の元で育つ子どもたちを癒やし、親もサポートする優しい保育士が、天職だったのです。

天職を好きなことから見つけなさい、と言うアドバイスがあふれていますが、天職は悩み、苦しんだことの中にもあると私は思います。

中村雅俊さんの「ふれあい」という曲に、「何気ない心のふれあいが幸せを連れてくる」というような歌詞があるのですが、悲しい、苦しい時に、黙ってそっと寄り添ってくれる優しい人がいるという幸せ、大切なことに気づけて生きがいが見つかるという幸せを歌っていると私は解釈していて、私の大好きな曲の一つです。

そして、それを数多くの人たちが人生で実証してくれています。苦労や苦悩が幸せを連れてくる、辛いことの経験が多くの人の救いとなる幸せがあるという真実の軌跡も多く見てきました。

私は「人は好きなもので身を滅ぼす。傷ついたもので人を救う」とさまざまな実例の裏付けを持って語っています。女性が好きな人は女性で身を滅ぼし、ゲームやお酒やたばこが好きな人はそれが原因で体を壊し、博打が好きな人は金銭的に行き詰まる、仕事が好きすぎる人は過労で病んだりするでしょう。

好きは自分の好きで、満足していくもの。志は、世のため人のためになって、皆が喜んでくれる、それを喜びとするもの。この国の未来のためにとか。目先の快楽だけではなく目の前の人だけでなく、見えない人のため、百年先の子孫とか、日本だけではなく世界とか、そこまでの意志と行動と努力があってこそ志だと思います。

好きだからこそ得意になり上手になり、といいますが、好きだけでは利欲的な「我」になってしまう。自我と無我。私利私欲と利他。

好きなものから志になってそれを貫くには、地味な努力を地道にし続け、面倒くさいやりたくないことをやりたい形にして山ほどやらなければ達成にいたらないものです。

活躍しているスポーツ選手や芸能人などは、誰にも見えないところで地味な基礎練習を日々大量にこなし、たゆまぬ努力を苦とせず続けているのです。そんなふうに、単なる「好き」ではなく、志を遂げるために、辛いことも意志を持って喜び楽しく実行し、やり続けたいからやる、というところまでいかないと、身を滅ぼす。

志を貫く人は、目先の快楽に溺れることなく、本当に守りたい大切なものを、志を貫くために守ります。

しかし、傷ついたことで人は人を救います。この事例で紹介している人たちも、不登校や病気、依存症など、皆さん傷ついた体験をしています。そしてそこから立ち上がった経験を礎にして、同じような悩み傷ついている人の助けになっています。

困難や苦難は乗り越える力をつけるとか、挫折や失敗は生き抜く力を培うとかいわれますが、それだけではなく、いつか必ず誰かを救う、その種にもなります。

そのために無意識や潜在意識で自らが招き入れているようにすら思えてくるのです。

苦しいこと辛いことを乗り越えて、自分も相手もゆるし、受け入れ、誇り、人を救う。「自分のように苦悩している人を助けること」「誰かが喜んでくれること」が仕事になると、利他の精神で働けることが幸せで、自分の存在、他の存在が愛おしく想えて、感謝の心が泉のごとく湧き出てきます。

あなたが一番悩み、傷つき、苦しんだことは何でしょうか。そこから立ち上がってきて今があるとすれば、その中に天職のヒントが隠れているのかもしれません。

反抗・反発の深層心理は愛の確信

子どもの反抗・反発は困ったことのようだけど……表に出せるということは、反発しても受け入れてくれる、親に愛があるとわかっているからです。無意識ですが。

わかってくれない人に対しては誰も本音を出せません。愛を感じない人の前では反発もできず、現代の日本では、それゆえに、さまざまな悲劇が起きています。社会問題の根本的な要因は、感情の抑圧、根本意識の欠如と言っても過言ではないと私は思います。

わかってほしい、自分らしく生きていきたい、愛されたい、あるがままを認めてほしいから、それをわかってくれると思える人に対してだけ、反抗という形で出していけるんです。私は思春期の頃、実父と実母にはうまく反抗できず、養父に対してようやく安心して反発ができました。当時は気づいていませんでしたが、養父の愛を信じてぶつかっていけたことで救われたと思っています。

子どもは本当に親がチクッと心の傷が浸出してくるようなことをしてくれる存在なのです。子どもの行動がチクッとくる時には、癒やされていない感情が自分の中にあるという潜在意識からのサインなのですね。

私は自分の子どもたちを通してそれを学びました。

人は潜在意識の中で求めているものが繋がっているのだろうと信じています。

子どもの困った行動は、自他が愛でつながっているという確信が欲しくてやっているということに気づいてほしくて、潜在意識からのサインを送っているでしょう。

自他分離は、別れていて離れている自他離別ではありません。人の潜在意識は深層でつながっています。例えていえば、ひとつの幹から枝分かれしてつながっているようなイメージです。そして、その埋もれている幹の潜在意識のもっと根っこの「真我」から幹が伸び、一人ひとりの個の意識「自我」が枝葉のように存在しています。

真我の中の良心の養分となっているのが、愛と慈しみのエネルギーです。人間がそれぞれの真我の良心に目覚め、各々に魅力的に輝いて、善行によって自他を尊重し生かし合うように調和していくと、一人ひとりの輝きを統合させることができます。これは絵空事ではなく、実現可能なで真実です。

この時湧き出る無限のエネルギーが、生きる力、生かし合う力、愛と慈しみによる共存共栄、まさしく、愛で遺伝子スイッチオンの状態なのです。

教育現場でていねいに一人ひとりに関わっていく

真野洋子さん（公立小学校教諭）

いじめ、食い違う言い分

小学校の先生をしている洋子さんは、私がインストラクターになってすぐに講座を受けてくれた方。育児休暇中から15年以上、受講し続け、教育現場での生徒や保護者との接し方、家庭、自分の人間関係などで実践・活用して、さまざまな問題を「愛が伝わる実践」で解決しています。

いじめの問題こそ、表面的な解決ではなく、根本的解決するべく問題です。

しかし、多くの方が、いじめ問題はそう簡単に解決しないと思うでしょう。確かに様々な要因が複雑に絡み合っていますが、必ず解決します。

ある男の子が特定の女の子に対して度重ねて、女の子が嫌がり困る行動を起こしていたある日、筆箱を校舎の上の方から落として壊しました。皆がそれを見たと言う。でもその子は「やってない」と言っていました。

真実を明らかにして、その子に「そんなことしちゃダメよ」と叱るのは簡単ですが、そう言って先生が裁いてしまうと、いじめは水面下に潜ってしまうことがあります。さらに「あの子が先生に言いつけた」と、今度は別の子がいじめられてしまうかもしれません。どうしたらいいでしょう?

私は講座の中で「洋子さん、教師は裁判をするのが仕事ではない。教育する者です。だから裁いちゃいけないよ」と言ったんです。

「その子が『やってない』と言うなら、それを事実として受け止めて、他の子が『投げるのを見た』というのも事実として受け止めて、どっちも信じたらいいのよ」

「でも矛盾が……」

「矛盾があってなんでいけないの? 世の中、辻褄が合わないことなんていくらでもあります。正しい悪いで裁く必要があるかしら。なぜそうしたいの? どっちも事実で、矛盾がある、という真実に向き合ったら?」

世の中は摂理や真理より、目先の事実を優先して裁いてばかり。正か誤か、善か悪かといった、正義・正論ばかりでは、人は苦しくなります。実際の世の中には矛盾することがいっぱいありますし、事実を明らかにするより、もっと大切なことがあるでしょう。

こっちの言い分も聞き、あっちの言い分も聞き、お互いが満足して、納得していくにはどうしたらいいのかと子どもたちと関わり、あの子の思いを伝え、この子の想いを伝え、先生は裁かない。ただそれぞれの思いと先生の願いを伝える……ひとつひとつていねいに、洋子さんは関わっていきました。

見たという子には「先生はあなたが事実を言ったと信じるよ」と伝え、やっていないという子には「やっていないんだね。先生は信じるよ」と伝えました。

そして彼女は、子ども達にこう言ったんですね

「どうしたいのか、何がしたいのか。本当の気持ちがよくわからないなあ。で、どうしたいの？」

どうしたいのか本人の気持ちや考えをていねいに聞きました。

やがて、いじめた側といじめられた側、二人で話ができるようになるまでになりました。

「本当はうらやましかった、仲良くしたかった」といじめた側が言うと「なんだ、それなら、その気持ちをもっと早くに言ってくれればよかったのに」といじめられた側の子。

小学4年生が「あなたも苦しかったのね、辛かったのね、寂しかったのね。だったらこれからはそう言えるようにしようね。仲良くしようね」と相手をいたわり、自分をしっかり表現していました。

いじめた子もいじめられた子も卒業式の時に「4年生の時、真野先生が担任でよかった」

「先生に出会えて幸せです」と感謝を伝えに来てくれたそうです。この年度だけではなく、またこのような出来事があった生徒だけではなく、卒業式には、担任した生徒たちが同じように感謝を伝えに来てくれるそうです。

別の例ですが、子どもは自分がいじめられているのを親に言わず、担任である洋子さんには言っていたそうです。

懇談の時に一応親に伝えると

「先生には言うのに。なんで私には言わないんでしょうね……。それでもあなたが先生でいてくれたおかげで、あの子は救われました。自分のことを素直に言える真野先生に出会えてよかったと思います」と言ってくれたそうです。

親御さんの中には「謝れ」「謝らせろ」「うちの子がやられた」「うちの子はやってない」「事実を明らかにしろ」などと言ってくる方もいました。彼女は親御さんの言い分もていねいに聞きました。

また、別の年には、いわゆるモンスターペアレントというような保護者に当たり、すごく苦しんで、悩んで、恐れながらも、自分の守りたいものは侵されないように守りつつ、相手を責めることなく、自分の置かれた環境を恨むのでもなく、卒業式までていねいに対応していました。

それが自分の毅然性の確立とか、相手に巻き込まれてしまうことの苦しみからの解放、自分を守りすぎる弱さや恐れに気づかせてくれる大切な経験だったと、洋子さんはのちに語っていました。

経験は人を救う

ゴードン博士は『親業』という本の中で「対立葛藤は人間関係の真実の瞬間である」と言っています。また次のようにも語っています。

対立葛藤は必ずしも悪いものではない。どんな人間関係も現実に存在するものである。実際対立が全くないように見える人間関係は、よく対立が表面化する関係に比べると不健全であるとさえいえよう。

対立がなぜ起きたのか、何度起こすのかよりも、起きている対立をいかに解決していこうとするかこそがあらゆる人間関係で決定的要因です。

私も、これまでの自身の体験や、さまざまな対立の現場に関わってきた経験から、対立が起きた時が、自分を見つめ直し相手を理解するチャンス、心が磨ぎ澄まされ価値観が確立する機会だと確信しています。より親密な関係になれる機会でもあります。

洋子さんの娘さんは、今、大学生ですが、学校で女同士の理不尽な問題で悩んでいたことがありました。

洋子さんも以前、保護者との関係で似たような問題で悩み乗り越えてきた経験がありました。そこで洋子さんは、大学生の娘さんに

「それはつらかったなぁ、悲しいなぁ、体と心を大事にね。ご飯を食べられなかったり寝られなかったするのが心配」と共感と案じている気持ちを伝え、あなたの人生だからと尊重し、あなただから乗り越えられると信じて、心と体の無事を祈りながら見守ることができました。

私はつい「あの時のあのトラブルは、あなたが先に経験しておきなさい、って神様から与えられた宝なのかもね」と言いました。

「私もそう思います。自分の経験があるから娘が自立するように支える方法と心が安定できるサポートがわかる」と言っていました。

子どもは、親が育てているのだから親に心の傾向が似ます。ゆえに突き当たる問題や悩みも似るのでしょう。

親が悩む人間関係の問題に似た内容で子どもも悩むということが時にあります。親自身がいかに悩み、いかに乗り越えたかで、その後の子どものよい理解者、よい支えになれる

かどうかが違ってきます。

また、人は無意識に、後にこの悩みを持つ人を救うために、こういう出来事をあえて招いてしまう、ということがあるように思えてなりません。

同じようなトラブルがあった時、癒やされきれていない、自分を肯定できない、自分に自信のない親だったら「あんたも頑張りなさい」「そんなことでくじけちゃいけない」「そんなところ辞めたらいい」「元気を出して」とか言って、手出しをしてしまうでしょう。

もしその問題で自分が癒やされていなかったら、家庭や職場などあらゆる人間関係に通じる「指導」という大義名分で、自分の癒やされていない傷をぶつけてしまう。もちろんこれは本人は無意識です

例えば嫁姑の問題で癒やされなかった心傷を抱えている女性の息子に嫁が来たら「私は辛抱してきたからあなたも辛抱しなさい。」「私だってこんなことされたんだからね」「私は頑張ってきたから頑張りなさい。」と同じように接してしまうように。

しかし自分がそれを乗り越えていたら「生きていればそういうこともあります。そこで優しさや温かさを知る。経験を積んでいくのでしょうね、あなたの人生に意味ある必要なことだから」と我が子を信じて見守ることができます。そのために親もいろいろ経験する、経験は人を救うってそういうことだと彼女を見ていて思います。

艱難辛苦は優しさ、幸せを連れてくる。傷ついた経験のある人は優しい。困難を乗り越えた人はたくましい。

自分を愛し、愛を伝え続け、子どもとともに愛と幸せを広げる

秋庭富美江さん（胎内記憶教育協会認定講師）

受講生のひとり、秋庭富美江さんは、お子さんが通っていた岡山市内の保育園で保護者会の会長を務めていました。その保育園での子育て講演会開催のおりに「講師として招きたい人」と私を推挙してくださり、講演会が実現しました。それがご縁となり、私の講座を受講してくださいました。

娘とのコミュニケーション

初めてお会いした時、笑顔が少女のようで可愛らしくて理想を充てはめたようなママでした。明るくて優しく心にゆとりのあるママ、子どもにとってよいと思うことは積極的に取り組む子育てを拝見して羨ましく思ったものです。

娘さんと息子さんに関しては育児書には頼らない子育てを実践。子どもの発達や成長についても、その子のペースと興味だからと、あまり気にしたことがなく、やりたいことは

やらせて、失敗したら、次はチャレンジしてみてという方針で子育てされていたそうです。

しかし、悩みがないわけではありませんでした。親の悩み、それは、わが子が元気にすくすくと育ってと願うがゆえの気持ちからのものでした。

富美江さんは、自身がアトピー体質でしたので、こと肌に関しては敏感になっていました。娘さんが1歳～2歳の頃、健康食品を勧められて、試しながらもベビースキンケアの講師の資格を取得するほど熱心にセミナーに通い勉強し、彼女なりに努力していました。

しかし、娘さんの皮膚の状態はなかなか改善されませんでした。娘さんが自分の腕を掻きむしる姿に、辛さと思うようにいかない苛立ちで、娘さんの足をピシャリと叩いたのが始まりでした。

「もう掻かないで!!　なんで掻くの!!」と声を荒らげながら繰り返し叩いた記憶があると当時を振り返り、次のように話してくださいました。

「私が娘に手をあげるキッカケとなったのは、娘も私と同じアトピー体質だったからでした。娘が掻きむしる姿が、痛々しいのと同時に、自分のやっていることの無力さを痛感しました。ママなのに何もしてあげられないという気持ちが怒りに変換されたんです」

「それから、健康食品をやめると落ち着きました」

「毎日、娘はどうしてこんなに可愛いんだろうと話しかけ、心からそう思って育てていたのに……。唯一、私が自分を見失うポイントでした。叩いてしまったことへの罪悪感が、大きかったですし、叩いた経験が一度でもあれば、虐待する親だと批判されるのではないかという恐怖感はありました。子どもを叩くなんて、私のママ像にはありませんでしたからね」

「娘を叩くようになる前は、理詰めの言葉で叱っていました。それは、夫のやり方を見て、いつしか真似していたのですね。その結果、私も娘も正直な気持ちを喋らなくなっていました」と。

講座を受講され、自身の内なる心を見つめることで、そこには溢れんばかりのわが子を想う愛情があることにも気づかれ、愛の想いが伝わるように伝えていかれました。そのプロセスで自身の生い立ちにも向き合うことにもなりました。

実は、富美江さん自身が幼い頃から周囲の状況を気にして、勝手に忖度し、正直に自分の気持ちを伝えることをしてきませんでした。同時に、他人の目を気にしながら動いてきたことにも気づかれました。しっかりしなくては、明るく振舞おう、きちんとしなくては、と肩肘張って生きてきた自分自身をまずは受け入れ肯定するよう、愛情と信頼の心を伝え合うコミュニケーションを学習し、実践に努められました。

生い立ちを含めて過去の自分に正直に向き合うことで、コミュケーションの在り方が変わり、お互いに思っている気持ちが伝わっていく心と言葉の真のコミュニケーションの歴史が刻まれていきました。

小学生になった娘さんと「自分の気持ちが言えるっていいね」と実際にやりとりしたコミュケーションを教えてくださったので、その様子をここに紹介します。

寝る時の会話。
むすめ「ママちょっと聞きたいことがあるんだけど!」
わたし「なぁに?」
むすめ「わたしより○○(弟の名)の方を大切にしてない?」
わたし「そう思ったのね>>」
むすめ「○○をほめる方が多い気がする」
そんなむすめの気持ちを聞いて
ここから、
むすめを私がどれだけ大切に思っているか

むすめを私がどれだけ頼りにしているのか
むすめを私がどれだけ大好きか
いーっぱい気持ちを伝えました。
むすめ「あっそうかぁ（満面の笑み）そうだよねぇ。なんか忘れてた」
昔、厳しくしつけを言いすぎて
（これも愛情で、娘を想ってだと勘違いしていたころ）
自分の気持ちが言えなくなった時期があった娘。
自分の気持ちにフタをしていた時期があった娘。
そんな時期があったからこそ
気づけた普段から心にある
モヤモヤを含めた気持ちが言いあえる大切さ。
そんな経験があったから
江崎英子先生から学べた
トマス・ゴードン博士の親業訓練講座。
コミュニケーションが本当に変わりました。
この夜何より嬉しかったのは、

娘が素直に思った自分の気持ちを躊躇なく私に伝えてこれる関係。
それは、自分が愛されてることを
しっかり感じていられるからこそ
でもあるのだろうなぁと
とっても嬉しく思って
抱きしめて寝ました。
でもそう感じさせちゃったことを反省。
娘には
心と言葉のハッピーシャワーをもっと注いだらいいなと
気づけた嬉しい出来ごとでした。

このように語ってくださった富美江さんは、今、

「あっ、私そんなに子育て苦悩していなかった。今ではとても懐かしい経験」

と思えているそうです。

「とにかく、私は子育てを頑張るママたちに、自分の人生もしっかり幸せを感じながら楽しんで欲しい」

と笑顔で話します。

「こうじゃなきゃダメといった枠を取り払い、ママが自分自身を大切にしながら、心の声に耳を傾けながら、幸せを感じながら、心地いいスタイルで仕事も子育ても楽しむ」ようにサポートをする活動『きらきら』を主宰されています。

一人を救う者は世界を救う、一人を幸せにする者は世界を幸せにする。その一人とは、まずは、自分自身です。

立派に育てよう、常識的なよい子にしよう、と頑張っていた子育て、それは、自分自身をそうあらねばならない、という枠にはめていたからです。そのことに気づき、その苦悩があったからこそ、自分の本質、人間は愛と慈しみあふれる存在なのだと認識し、現在、胎内記憶教育協会の認定講師としてもお母さんたちに幸せな子育てを広めておられます。

私は「癒されるべき愛されるべきは、お母さん、お父さん、あなた自身です」と人間関係の心理カウンセラーとして寄り添いつつ、

「一人が癒されることは、世界を癒すこと、地球が癒されること。一人を救うものは世界を救う、地球を救う。あなたが愛され癒されると、愛で調和する幸せな世界が広がる」

というメッセージを込めて実用的で効果的なコミュニケーションのあり方を提供しています。

謝罪は誰のため？

愛するわが子に手を挙げたことで、心を傷つけてしまったと後悔する親がいます。たった一度のことで虐待と非難されるのではないかと思う恐怖感や不安に苛まれる親がいるのが現代の社会です。

「幼い子どもに手をあげてしまって止まらない。辛い。苦しい。このままだと子どもを虐待してしまいそうで怖い。何とかしたい」と、人知れず子育てに悩んで、自らつくってしまう心の壁。実は、このように、ママ友と集ったり、子育てサークルに盛んに参加して人との交流したりはありながらも、本当の悩みを打ち明けられず、心の中で、孤独に苦しんでいる親は多いのです。

自分自身の心が癒されないままに、ありのままの自分を愛せないままに、理想的ないい子を育てようとする。一方で、自分の思い通りにならない子育てに苦悩し、しつけと思って手をあげてしまってから、自分をコントロールができなくなってしまった、どうにかしてほしいと悩む親。

悶々と一人で悩む親もいれば、それとは対照的に、悩みが溜まりに溜まって、「私を止めてください」と助けを求めに来られる人も多々います。

そのような時、私は、あえて「どうにもなりません」と愛をもって答えるようにしています。「子どもを愛している、愛したいがゆえに苦悩されているのね。辛くて苦しいよね。でも、それがあなたでしょう。だから、『私を変えてください』とか、『手をあげないですむような気持ちになりたいと』言われても、心や気持ちを動かすようなことを私はしません。それをするのも、できるのもあなたですから。だから私には、どうにもできません。でも、そうなりたいあなたをお支えすることはできます」


安易に「わかりました。助けましょう」というのは危険です。

子どもに手をあげないようにと、禁止したり、なだめたり、気を紛らわして感情をそらせることなどはできますが、そうすると、相談者は相談相手（カウンセラーなど）に依存していまいますし、自分で立ち上がり、乗り越える力がつきません。うまくいかなかった場合は、手助けをした人のせいにしてしまうでしょう。安易に助けて、共依存関係を作る人を「善意の罪人」と私は呼んでいます。

相手のためによかれと思って善意でしていること自体が罪作りなのです。

まずは悩んでいる本人が自分自身の辛さに向き合って、自分を受け入れゆるし愛することからが必要で大切なのです。

私は続けて言います。

「腹立たしい気持ち、怒りでいっぱいの時に手を上げたり怒鳴ったり、相手を責めたりする行動ではなく、相手を傷つけないように、その気持ちを表現でき、その怒りを解消できる方法を提供することはできます」と。


「今のまま、手をあげたり怒ったり押さえつけたりすると、あなたの本当の気持ちは相手に伝わらないよね。伝えたい本当の気持ちはなんだろう」と心の奥にある真の気持ち＝愛を引き出せるようサポートしていきます。

子どもとどう関わりたいのか、愛したい気持ち。親に愛がないわけではないんですが、愛が伝わらない。伝わらなかったら、ないのと同じです。

まず、あなたの悲しい、辛い、苦しいといった気持ちを感じてみましょう。口に出してみましょう。「悲しい」「腹立つ」「心配」「がっかりする」「焦っている」「イライラする」などと言葉にしてもらいます。口に出している間、手は止まっています。お子さんが近くにいない時、寝ている時など、落ち着いてから怒っていた時の気持ちをふり返って感じてみるもの効果的です。

その辛さや悲しさは、愛しているがゆえの表面的な感情です。表層のネガティブな感情の奥底には、安心したい、向上したい、幸せになりたい、健康でいたい、楽しく過ごしたい、生きていたい、というポジティブな感情が横たわっているのです。

安心して見守りたいと思っているのに、それが叶わないから、心の表層で「心配、心配」と思っています。頭で「どうすればいい？」と考えています。例えば、楽しく過ごすために間に合うように余裕をもって出かけたいと願っているのに、時間が押し迫ってきても用意ができていないので焦ってしまう、というように、否定的な感情の奥底には、肯定的な感情が必ずあるのです。

人が心に抱いている、欲求と願いと愛と希望。そして、エゴとしての「我」、いわゆる自我ではなく、命を与えられた人が人として持っている魂の本質である「真我」を、いかに引き出し、善なる心を友好的に表現できるようにしていくかがポイントです。

そこから目覚めていく真我、内なる愛と慈しみを、善意、善行として外に表していく、それが内外一致ということです。ていねいにそれをやっていくと、自分の中に存在する愛に目覚め、自分の本当の気持ちに気がついて、皆さん愛を自覚して伝えられるようになっていきます。

自らが自分の感情を抑えきれないのではなく、自分の感情を抑えているから、爆発してコントロールを失ってしまう。自分の感情を抑えずに表出していくと、感情が昇華され行動はコントロールできるようになるのです。

行動をコントロールできない人というのは、抑えていた感情が爆発してパニックになっていることが多いのです。

つまり自分の本質に気づいていない。自分が愛と慈しみあふれる人間そのものなのだということに気づいていない。自分とつながっている大いなる愛の存在に気づいていない。いわば、心と体のバランスを崩している状態です。それは「ねばならない」といった思いにとらわれて、愛を感じられずに育ってしまったからともいえるでしょう。

その人が抱え続けてきた癒やされない感情、孤独、それらを自分で感じて、どうありたいのか、愛や夢や願い、何を伝えたいのか。感情の昇華は自立の基盤です。

イライラする感情も、悲しみも、辛いのも、腹が立つのも、まるごと自分そのものなのだと自己受容できるようになるところからが第一歩です。

そこから自分をいかに愛するか、自分の愛を呼び覚ませるかということを実践していきます。さらに、本来の愛――自分を愛し、大切な人を愛し、自然万物を愛し感謝する心を目覚めさせられた時、それらへの愛が発端となり遺伝子がスイッチオンします。その時、虐待にならず未然に防げたり、解決できたりします。虐待、またはそれによるトラウマは必ず乗り越えられます。虐待の連鎖は止まり、愛によって遺伝子スイッチオンの連鎖が始まります。私のところにはそのような実証例しか見受けられません。

愛するわが子に手を挙げたことがあり心を傷つけてしまったと後悔するお母さんの中には、

「子どもに今まで手を出したりしてきたことを謝りたい。早いほうがいいですか？　ごめんなさいと言えばいいですか？」

と問われる人達がいます。その時に私はこう答えます。

「今すぐの方がよい時も、今すぐじゃない方がよい時もあるものです。まずは癒やされるべきはあなただからね。あなたが癒やされて、自分を受け入れられて、愛せて、幸せいっぱいに落ち着いて、心からご機嫌に落ち着いている時、自分と自分の人生を誇り、イキイキと生きられるようになってから、謝られることをおすすめします。それが1週間先か1年先か何年先かは、わからないけれど、その時は必ず訪れます。時というものには流れがあり、よき時にそれを感じるでしょう。信じて祈っております」

悪いことをしてしまったと自分が思ったらすぐ謝るのがいい、と考える人もいますが、急いで謝って何をしたいのか、考えてみる必要があるようです。だいたいそのような場合、謝っている本人がゆるしてもらって救われたいことが多いのではないでしょうか。罪悪感から逃れたいという気持ちからの謝罪は、相手のためではなく、自分が楽になるための方便でしかありません。

謝るのは、まず自分が癒やされてから。かけがえのない自分であることを誇れ、自分の人生に満足感と達成感を感じられるようになってから、相手の心の傷に一緒に向き合い、寄り添い、本当の支えになりたい、という覚悟ができてからではないでしょうか。

また、謝る時には正直に潔く、行為行動を謝り、自分自身の人生や人格や感情に罪の意識を感じずに、誇りをもって言い訳をしないことをすすめています。

受講生さんの中には、成人した娘さんに、

「実は、お母さんには、あなたを育てるのが辛くて苦しかった時期があるの。愛していないわけじゃないけれど、命にかえても守りたいと思うほど愛しているのだけれど、お母さん自身に、……こういう成育歴があってね。きちんとちゃんと育てなければと気負ってしまった。あなたに悲しい思いをさせてしまった幼少期の子育てだったの」

娘さん自身は忘れていましたが、こう応えました。

「ずっと覚えていてくれたんだね。お母さんありがとう。お母さんもそうやって自分に向き合いながら、私を大切に育ててきてくれたんだね。ありがとう」

言い方は生き方です。

罪悪感から逃れたいという気持ちからの謝罪ではなく、愛が伝えられる時に、愛が伝わる言い方で、覚悟をもって潔く言う。

そのような実例を私に伝えに来てくださる受講生さんたちが後を絶ちません。自分を愛するそのような愛が、愛する人へと伝わることで愛と幸せの実感が広がっていきますようにと祈りつつ、心から嬉しく思い感謝に堪えない日々です。

炎上の心理を知ってSNSやWebのコンサルタントに

矢吹直也さん（SNSコンサルタント）

若者の自己実現を手伝う若者

矢吹さんは大学を卒業してIT企業に就職しました。

IT関係の会社での飛び込み営業の日々に精神を消耗し、うつ病手前のような状態になってしまい退職。「生きていきたくない」と思う日々の中で、自分の生き方を模索。25歳で当時付き合っていた女性のためにブログを頑張り、そのブログからの収入が会社時代の給料を超え、彼女と結婚したばかりの頃に、ある会で出会いました。

その時「ブログとかSNSが好きだ」という彼に「ブロガーやSNSの人たちに、心理学をもとにして伝えるコンサルティングやカウンセリングをしたら？」と提案しました。

SNSの批判や攻撃、炎上は、癒やされない心を癒やしたい人、愛や幸せを実感できていない人が、嫉妬心や虚栄心から、他人の表現を批判・否定して叩く、ということから起こる現象だと私は思うのです。

さらに、自分がよかれと思って書いていることが、余計に炎上させる、またそれに気づいていなくて炎上に拍車を掛けている、という心の働きもあります。

「人の心ってね……」「炎上する心理ってね……」と、心理学の面から表現や人間関係について話したところ、

「面白いですね。心理学、哲学に関心が深まります。そんな仕事がしたいです」と目覚めてしまって、現在彼は、講座で心理学や人間関係を学びながら、さまざまな表現のコンサルタントとして、好きなこと、やりたいことを通して、人が自己実現するのを手伝っています。現在、高校で非常勤の授業を受け持ち、講師もされています。

炎上の心理とは

若者たちにアドバイスをする時「君たちの可能性は無限だから、やりたいことをやって！夢や希望を持とう！」などと大人は夢や理想や成功を語りがちです。

夢や理想や成功を語っても、現実の彼らの目の前には、さまざまな試験や大学受験、就職試験など直面している現実という壁があります。

アドバイスをされた若者たちは、なかには、刺激や感銘を受けて、意気揚々と自己実現

へと道を開いていく人もいます。

しかし「だったら、今の世の中を、学校教育を変えてくれ、この教育制度、試験制度を何とかして」と思うか「理想はそうだね。でも現実は……」と葛藤で苦しむか、大人のアドバイスを冷めた目で見て心にとめないか、わかったフリして流してしまうか、いずれにしても、若者たちが惑わされることがあります。反感を胸の内に秘めて大人たちの期待に添っているように演じることも多々あります。

意気揚々と自己実現へと道を開く若者ばかりではないということを、我々大人が知り、理解し、寛容な心で対応していくことが肝心です。

そんな彼らの想いや、置かれている状況に留意せずにアドバイスやプレゼンをすると、若者たちから反感を買い「そんなの夢だ」「理想だ」と反論されてしまいます。

それを受けて「今の若者たちは」……夢を持たない、意欲がない、個性がない、小さくまとまってつまらない、言われたようにしかできない、おだてないと動かないなどと大人たちが言いだす……そのやり取りで炎上して、しまいには心が離れてしまう。

もしくはそういうことにすら気づかず、そのような大人たちで徒党を組んで盛り上がり、世直しをしている気分になっている人たち、若者たちに影響を与えていると勘違いしている大人たちを数多く見受けます。

一体、何のために夢や理想や成功を語っているのだろう、と思いませんか。そんな大人たちを私は「無責任な英雄」と呼んでいます。

夢や理想や成功は、確かに素晴らしいものです。でも、大切なのはいかに語るか。無責任に語るのではなく、ことを見極めて、時期を見定めて、若者たちへの理解や共感ができた上で若者たちが聞きたくなるような表現で、伝わるように語らないと、無味乾燥なものになり、むしろ、悩める若者を増やしてしまいます。実際にそのように語る若者を私は多く見ています。

学ばせようと働きかけたいなら、学びたくなる心を、
楽しませようとしたいなら、好奇心のわく心を、
仲良くさせたいなら、人を大切にしたくなる心を、
規律を遵守させたいなら、思いやりの心を、
志を説き志を抱かせたいなら、夢生きがいを抱ける心を、
そういった心を育む人間関係を築くところからと、私は語り続けています。
それも単なる理想論や抽象論ではなく、具体的で日常に実践できるような形で。
お互いに本音が語り合える人間関係のもとで。

「志を持ちましょう」と言われても持てない人もいます。そんな彼らに対して「夢がないからだ」「すぐ諦めるからだ」と責める大人を私は無責任な英雄だと思います。

志は内側から湧き出るものです。持てといわれて持てるものではありません。

「志を持っています」という人はそのまま貫けばいいし。志を持ない人にもていねいに心寄り添って関わっていく大人が増えてほしい。

「こうやってイヤなこと、辛いこともわかってくれる人もいるよ。無気力になる時だってあるよ、生身の人間だから。無理に前向きになろうとかしなくてもいい。それがあなただから、今のままのあなたが、今ここで完璧」と、まずは、あるがままの自分を愛し、大切にできるところから関わっていけば、やがて必ず、自己を確立し、自らの道をおのずと開いていきます。

無責任な英雄な人たちは、表面的なことにとらわれて、若者たちが胸に抱いている矛盾や葛藤を推し量らず「イキイキと輝く大人の姿を見せよう！　夢を描いて憧れられる大人になろう！」と語ります。

それは「いいこと言った！」「いい活動だ！」と大人たちだけで盛り上がりたい、承認欲求を満たすための、虚しい自己満足ではないでしょうか。

心理学者マズローの欲求段階説でいうところの「心の土台づくり」になる根底の欲求が満たされていない状態です。自己受容がなくて他者承認で満たされようとしている、いわゆる虚栄心の強い大人たち。現代社会には、自己肯定できず、自尊心が乏しく、承認欲求が強い大人が多すぎるように思えてなりません。

察しのいい子は、そういう大人を見て、自分に求めているのは何なのかを理解して、大人が喜ぶような感想を言ったり、評価・成績が上がるようなことを書いたりします。

そういう子が成績優秀な優等生になるわけですが、就職や進学の試験を受ける時になって「自分のなりたい姿をイメージして、夢や志や目標を持って」と言われても、戸惑ってしまいます。自己表現やコミュニケーションに苦悩する若者たちです。

これまで私の講座を受講された人たちは、子育てや教育関係、保育、医療、福祉、企業、人を育てる立場の人、人と関わる人が多かったのですが、今は、矢吹直也さんのように息子の世代の若者たちが受講してくれるようになりました。

未来を担う彼らが気づいてくれたことによって、新たな展開が生まれてきています。

私は娘として父親にしてもらえなかったことが多くあるのと同じように、私も親として娘や息子にしてやれなかったことがあります。けれど、我が子たちと同世代の人たちの役に立てることがあると、しみじみありがたいと思っています。

人間関係が仕事の発展を後押しした

松山将三郎さん（経営者）

リストラにあい、バーターで受講

松山さんとは、今から8年ほど前に、ホームページを作りたい、誰かいい人はいない？と探していてある人の紹介でお会いしました。

当時、彼はリストラにあった直後でした。本業はＩＴ系のプログラマーですが「家族もいるし家のローンもあるし、自分の能力を活かして少しでも稼げる仕事をしたい」と、快くホームページ作成を引き受けてくれました。

どんなホームページにするのか、私の講座の内容を知ってもらう必要があるので、親業のこと、人間関係講座のことをじっくり説明しました。すると松山さんは目を輝かせて「その講座、ぜひ受講したいです」と興味を持ってくれました。

でも松山さんはリストラされたばかりで、３万円（税別）の受講料を捻出するのは難しい状況。当時は奥さんも不安だったのでしょう。夫婦関係も危うい状態で、奥さんにもとても言いだせないと言っていました。

「じゃあ、ホームページの制作料と相殺しない？」

ということで、ホームページの制作を依頼して受講してくれることになりました。

ホームページを作成するのにいくらかかるか相場を知らなかったので気軽に持ちかけたのですが、本来だったら何十万もかかる仕事だったと、あとで知って申し訳なく思ったのもよき思い出となりました。

現在も私の事務所の「江崎英子Ｏｆｆｉｃｅいろは邑」のホームページの運営、ＳＮＳの活用法やオンラインセミナー、オンライン会議、動画配信などＩＴ関係は松山さんのお世話になっています。

人間関係を学んで大躍進

熱心に学び、日々の実践を励まれたから、受講の成果は、かなり価値あるものとなったと私は思います。

松山さんは努力を重ねて、彼らしさを発揮し、発展されました。

リストラされて路頭に迷いかけていたのに、講座の内容を実践してから、ご縁を活かし人脈が広がり、会社を興すことになりました。

社員さん全員が講座を受講してくださっている松山さんの経営されているインフォポート合同会社はみるみる大きく発展し、今では年商2億円を超えるほどに成長し、外部スタッフを合わせると20名ほどの人々が、彼の元で働いています。

もちろん奥様との仲も回復し、今ではご夫婦仲よくされています。

夫婦の危機も事業の危機も救われ、会社の発展、事業の繁栄、家庭円満に運ばれたと、ことあるごとに語ってくれています。

社員全員で受講すると共通理解ができて、共通言語で日々、発展維持成長の道を歩んでいるとも常々言ってくださっています。

良質な人間関係が広がると仕事が広がる

受講生さんには、すでに個人事業主や会社を経営されている方、受講後に事業を興した方が多いですが、みんな私がついて行けないくらいどんどん事業が発展しています。

なぜかというと、人間関係がうまくいくと良縁が広がるから。良縁に恵まれると繁栄するから。

事業が発展したり有名になったりしたら、逆に家庭がギクシャクし出したという話も世間ではよく聞きますが、松山さんをはじめ受講生さんは、仕事も家庭も円満に、両方を得ている人たちが珍しくありません。なぜなら、夫婦関係も仕事関係も、人間関係であることに変わりはないからです。

また、自立心と協調性が養われ、尊重し合う心地よさを覚えますから、お互いの幸福な発展のために共依存関係が解消されるケースも多々あります。

自立して幸せに生きる道を歩み始める、とでもいいましょうか。

いずれにしろ、円滑な心地よい人間関係は、本質の自分に目覚め自分らしく幸せに生きる人生、お互いを尊重し合い調和された幸せな道が開かれていくことは確かです。

子育ての孤独を乗り越え、子どもたちの幸せのために

光本舞さん（アースエイトユニバーサルスクール園長）

「みんな本当の気持ちを言わない」と号泣

２０１２年の秋から13年の年の頃、私は、てんつくマン（軌保博光さん）の「アホ学」という講座に行きました。

「夢は叶う、天国は今ここにあり自分で作れる、負のパターンや思い込みを外し、ワクワクドキドキ人生を楽しもう、アホでいいじゃないか、アホこそ最高」という講座の内容は素晴らしく、生涯の友にも出会えました。てんつくマンが「このアホ学で学習した者は夢が叶い生涯の友に出会える」と豪語していましたが、本当にその通りになりました。

それが講座の最終回で「『一生の友だち』って、みんな本当にそう思っているのかな。そう言ったって、表面的に付き合っている人たちばかりじゃないの。そもそも、何が本当の友だちなの？」と号泣していた舞ちゃんです。

彼女は、子どもが生まれたばかり。群馬から岡山に嫁いで来て、妻として嫁として母と

してての役割や立場や責任を感じて一生懸命頑張っていましたが、思春期の頃から抱いていた「私は私らしく私なりに生きていきたい」という思い「30歳になったら自分の好きなことをして好きなように生きる」と思っていた数年前の自分と今の自分、どう自分らしさを出していけば良いのか迷い、育児の孤独さの狭間で抱えている寂しい感情が爆発してしまったのです。

私は舞ちゃんを「アホ学」の後に飲みに誘い、もうひとりのアホ学の友人と一緒に、居酒屋で本音で語り合いました。そして私は講座の受講を勧めました。

その日は12時過ぎまで話していました。制服会社を経営し、エステなど多数の会社を手がける実業家の旦那さんは、2歳の娘を置いて妻が夜中まで帰ってこないことに、岡山で深夜まで飲める友人を見つけたんだな、楽しんでいるんのだなぁ……何が起きたのかわからないままでも、そう思ったそうです。そしてその後よくわからない講座にも通い始めた妻。でも、彼女から講座の内容を聞いて「舞ちゃん、それはよさそうだね。僕も一緒に学びたいよ」と夫婦で受講してくれました。その愛の深さ、夫婦の信頼関係に感動したのは私です。

受講後、夫の光本教秀さんは「僕は自己啓発系のセミナー等で1億円近くを投資しましたが、その中で最高に素晴らしかった講座は8回24時間で3万円のこの講座でした」と言うほど、内容とその成果に感動してくれました。

理想を現実にした素晴らしい保育園

「エステで働くスタッフは働き続けたい人が多く、その人たちが安心して預けられる保育園をつくりたい」「子ども達が幸せに、イキイキと生きるための事業がしたい」と願っていた夫に「自分のように孤独な子育てをしている人が幸せになるためのお手伝いができるかもしれないと思うようになりました。「子どもに関わる仕事がしたい」と二十代の頃の想いを話していた舞ちゃんは、夫とともに、親業、人間関係講座をベースにした保育園をつくることになりました。

日本だけでなく海外の保育園150園以上を視察し、設立したアースエイト保育園（現アースエイトユニバーサルスクール）は、最善の環境を整えています。

本物の里山森のほいくなどができる環境を整えたほか、園の内装はできるかぎり天然素材で作られ、薪ストーブを設置しています。本物の芸術に触れさせたいとムツゴロウさんこと畑正憲さんの原画を掲示。おもちゃも子どもの健全な発達の助けになると納得のいくものにこだわり世界中から良質なものを取り寄せました。

自然食にこだわり、運動神経のコツを育てるスポーツ精神や体質作り、英語力・英語耳を伸ばし、全脳教育の潜在的能力を引き出す教室、知能バランスの８つの知性ＭＩ理論などを導入し保育の内容も、家族が園や規定、制度に合わせて子どもの個性や能力が失われていく保育ではなく、親の願いを尊重しつつ、園と家族が子どもの夢や成長に即していくカスタマイズ保育。

そして、その中心に据えたのが、子どもの自立心と協調性と思いやりの心を育て、家族・スタッフの健全な人間関係を築く親業やあらゆる心理学・精神分析学・脳科学・生命科学に基づいた人間関係のコミュニケーションです。

「親も子も愛と幸せの実感ができるように心を通わせ合い、自立し、ともに成長していく家族の関わり方」

「自分の人生を自分らしく生き、やりたいことを思い切りやり、自らの選択に責任を持ち、他の人もそうであるよう、尊重し支え合い調和していく生き方」

これらが保育園で実践できるように、職員教育としてスタッフ全員が親業の講座を受ける仕組みをつくったり、親も講座を受けられるようにしたりしています。

日々の子どもへの接し方、声かけはその子の人生の基盤を作り、その後の人生を左右する、その子の人格形成に最も影響するのだから、それを整えていこうと。

そのためには子どもに関わる大人の一人ひとりのあり方、人生の生き方が問われるとの神髄を大切にしているからです。

アースエイト保育園では、コミュニケーションを阻み、健全な成長の妨げとなるコミュニケーションを阻む12の通りの対応（136ページを参照）をしないよう心がけています。

そうすると子どもたちは、給食を食べる時に、保育士さんが「給食が始まるから並びなさい。座りなさい」と命令はしません。「席に座らないと給食は食べられないよ」と脅迫もしません。「給食の時間だよ」と言って、園児たちが自ら自分の席を決めて座るのを待っています。信じて待つこと、促すこと大切にして接しています。命に感謝をする言葉を唱和し手を合わせて「いただきます」を言うと子ども達は座っています。それでも、時として、遊びがなかなか終われない子もいますし、食べたがらない子もいます。例えば、そういう時は「おいで。待っているよ」「ご飯がなくなると困ると思うから、また、声かけるね」などのような声がけをしています。給食を通じて、子どもたちは自分の欲求を感じながら先生の関わりで様々な体験をします。貴重な学びもします。時間配分やタイミング、盛り付ける量等々を考え行動するようになります。そして、強要されることなく給食終了時には皆が食べ終えて、給食時間は午後1時には完了します。

公園に行く時も「きちんと並んで歩きなさい。列をはみ出さないようにしなさい」と命令や禁止、脅迫、説教を言いません。「手をつないでね。塀の方に寄って歩こうね。並んで行こうね。安全に楽しく過ごそうね。」と声がけします。ここで心がけているのが、子どもたちの「なんで?」「なぜ?」に答えるように、子どもたちにわかるように理由を説明することです。疑問を抱いたままに強要させないように。理由がわかり納得し腑に落ちれば子ども達は行動できるのです。子どもも信頼されているという気持ちになり、信じている心、伝えたい大切なことが伝わります。

しかし、いつも全て順調に公園まで行き来できる日ばかりではありません。子ども達は、道端の花や草木が気になったり、落ちているどんぐりや飛んでいる虫が気になったり。そのような時、次のような会話が頻繁に交わされているそうです。

「かわいい花が咲いていて、見たいよね。塀にそって歩こう!」

「どんぐり、拾いたいよね。手をつないで進もうね!」

「虫や鳥が気になるよね。追いかけたいよね。舗道を歩こうね!」

そして、

「びっくりする(した)」「ひやひやする(した)」「ドキドキする(した)」「悲しい」と感情を表現し伝える。

子どもたちに伝わるように伝えれば、伝わることが分かりました。子ども達が、相手の心を思いやり自発的に行動するように日々接しています。

歯科検診でも、自分の意志で並んで自分から口を開けるので、歯科クリニックの先生が「これが親業というものか、アースエイトの実践か」とたいそう驚き、感心していました。

たまたま私が園にいた時に天井の照明器具がガシャーン！　と落ちたことがありました。通常よく耳にするのは「危ないよ。そばによらないで。触らないで、触ると大怪我するよ、近づかないで、あっちに言ってなさい」とあわてて言う言葉でしょう。でもアースエイト保育園の保育士さんは「びっくりしたね。こっちに来て待っていようね。片付けが終わって安心して遊べるようになるまで先生のそばで待っていようね。安全になったら、遊ぼうね」と言いました。子どもたちはそのように黙ってすっと保育士さんの側に行き、片付けが無事に済むまで安全な場所で待っていました。

園を見学に来た親御さんの多くが「こんな声かけがあるとは、知らなかった」「こんな接し方があるなんて」「子どもたちの目の輝き、心の安定が素晴らしい」と驚き感銘を受けられます。アースエイトを選んだ理由に、人間関係、子どもへの関わりに魅力を感じたからというのが上位にあがっています。

この保育園の卒業式はなんと28歳です。大学を卒業して家庭を持つのが、平均的にこの年齢だからという理由です。幼児期は人格形成の土台を作るためのもの。だから、卒園で送り出して終わりではなく、土台からどう花が咲いて、次世代につながるかまでを見て見届けるということです。名物の卒業証書は卒園児が自分で手すきで紙から作り、一人ひとりに向けた卒園メッセージを園長と理事長が筆で書き入れています。

世界にひとつだけの手作り卒業証書です。

卒園児からの親への感謝状もあります。一人ひとりから聞き取りをして、こちらも園長と理事長が筆で書いて作った、親への感謝の証書です。

世界にひとつだけの手作り両親への感謝状

ベビークラス（年少）は2年待ち。東京や名古屋から引っ越してくる人もいるほどの人気ある保育園になりました。アースエイトに関わり続けたいからと、近くに家を建てたという家庭もあるほどです。

通わせているお父さん、お母さんからは「親である自分自身の人生を見つめ直せた」「子どもとの関わり方を学べた、私自身が救われた」「アースエイトに出会えたのは一生ものの宝です」「家族を救ってくれました」という感想が続々と届いています。

アースエイト保育園を選ぶ際に、子どもにとって良い園としてだけではなく、潜在的に自分自身が救われたい、幸せになりたいと願う親が、子どものためにと選んでいるようにすら思えるのです。実際に子育てをしている親の人生が幸せになり、子どもたちも幸せになっている現実がたくさんあります。

怒りとは学び

ＮＨＫの「あしたも晴れ！人生レシピ」に出演して「怒りとは何ですか？」とインタビューされた時に、彼女は答えました。

「学びです」

自分と同じような孤独なお母さんたちを救いたい、子どもを幸せにしたい、みんながイキイキと生きられるように、と保育園を始めたのですから、さまざまな問題がアースエイトの内外で起きました。

自立をしようとする親、人のことを考えていると言いながら結局自分のことだけ考えていると思うような人……すると舞ちゃんはまたあの時のように「いいことばかり言うけれど本心は言ってない」「みんな人のせいにして」「文句ばかり言われている」と、怒りと不満を溜めていきました。

発展のための気づき、幸福の道程として、本当の愛を実感するために、表面的なことではなく深い悩みの部分が見え、表に出てきます。それでも彼女とご主人は子どもたちのために一生懸命尽くしていました。

それは彼女が求めてきたこと、潜在意識で招き入れているのです。

「舞ちゃん、あなたがそういう人たちを救って、子どもたちの幸せな未来を作りたいと心から思い、語るから、そういうお母さんたちが救われたくて来ています。自分が求めた人が来ているのではないでしょうか？　もちろん無意識ですが」

悩んだり、怒ったり、悲しんだり、虚しかったり、わかり合えなかったりするのは、彼女の「こういう人を救う人でありたい」という願望に応えて「この人なら」と救われたい人が、無意識ながら救いを求めて、集まって来ていたからです。

そういう人たちもまた愛深き人たちで、奥底にあるのは「子どもを愛したい、子どもに実感できる愛を伝えたい」という思いです。問題の表面に翻弄されずそれを理解し、またそれは自分の願いを叶えるために自分自身が招いていると気づいた時、彼女の表現が変わりました。

今まで大変だと感じていた人間関係のすべてが「愛おしいね、かわいらしいね、ありがたいね」「子どものためにどうしたらいいか。自分はどうしたいか」というものにとらえ方が変わり、彼女自身の学びになっていきました。それが親御さんたちや園児たちの根本的な救い、支えとなり、並々ならぬ彼女の努力の賜として、彼女から慈愛が広がっていきました。世界中の子どもたちが幸せに平和に暮らせる世界を目指し、本気で真剣にこどもたちにとっての最善を営みを続けている舞ちゃんは、現代の日本において、人が人として健やかに成長し自立していく道を拓いていきました。自立している者たちが尊重し合い調和して平和を築いていく道を日々の人間関係と生きる姿で、未来を担う子どもたちに見せています。

心で感じる

講座や保育士研修を真剣に受けても、自分の心を感じられずに、真剣に理論を学ぶからこそ、悩んでしまう人もいます。

アースエイト保育園の保育士研修では「自分を知る、感情を受け入れましょう」という内容から学びを始めます。自分との人間関係に折り合いをつける。感情を受け入れたら、感情を思いやる優しさが身に付く、優しさに気づけるから。感情をくみ取り思いやりを伝

える と優しさが伝わる。

　でも感情が出てこない人もいます。研修中、みんなで「どうしたらいいんだろうね、なんで感情が出てこないのかな、感じていないことはないはずなのに。なぜ内外一致ができないかな」

「私たち大人は、なぜに指導という大義名分のもとに、自分の感情を感じずに子どもの感情を汲み取らずに自分が良かれと思い込んでいる指示に従わせよう、または、こうあるべきの型にはめようとするのだろうか?」

　と学び合っていたら、たまたまそこにいた舞ちゃんの娘さん、当時3歳の言葉（ことは）ちゃんが発言しました。

「あのね、そういう大人はみんな心で感じずに、頭で考えるからだよ」。

　舞ちゃんが大泣きをしたあの夜には、まだ2歳だった言葉ちゃんは、お母さんが悩みながらもずっと自分に向き合い、懸命に行動し子育てしているのを横で見ていました。そして、わずか3年の人生経験で、自分自身の感情を実感できない人は人の心を実感することも難しく、自分の心を表現することも難しいという人間関係の根本を知っていたのです。

「子どもは最高の師である」というのはまさにその通りだと、その時の体験からも思います。

本当の自立と、本当の愛

教育のためや子どものためという名目で、ボランティア活動をしたり、ランチ会をしたりＬＩＮＥのグループで交流したり、徒党を組んで集まっていないと不安なお母さん、自分が認められたいがために、世間からほめてもらえるような子を育てようとする人……孤独なのに「寂しい」という感情に向き合う間もなく、感じないように取り繕っていることが多いのです。だから多くの場合は自分の本心に気づかないまま過ぎてしまう。気づいて傷つきたくなくてそうしているのですから。

でも彼女は気づきました「みんな本当の気持ちは言わない」と泣いて、本当は孤独な子育てをしていることを、さらけだしました。

そんな自分に似たような人たちの力になりたいと始めた保育園で、思い通りに行かなかったおかげで、彼女は、安易に短絡的には人を救わないけれど、本当の意味で根本的に多くの人を救う人になりました。今は「私でよければ、甘えてください」と思えるようになり、理想的な言葉より必要な言葉が発せられるようになってきたと語ってくれました。その背景には、相談したい時に相談しよう、甘えたい時には素直に甘えようと思えるようになった自分があるそうです。自己受容こそ他者受容。相談すること、甘えることに罪悪感を抱かなくなってきて気負いが薄れてきたからこそ、甘えたい時に甘えが言え、断りたい時に断れるようになったので腹立たしく思うことが少なくなってきたそうです。

お母さん、お父さんたち、みんなが自分の子どもに対して、命令や禁止、脅迫をしたり、おだて甘やかして育てたいわけではない。親は誰しも子どもを愛している、親の愛が実感できるように子どもを育てたいと思っている、ということを彼女は心の奥深くで理解しています。

今でもアースエイト保育園で全く問題や対立が起こらないわけではありません。「対立葛藤は人間関係の真実の瞬間である」とゴードン博士が言っていた通り、人間関係が健全であれば対立は起こるものです。

子どもたちがいつも問題なく仲良く暮らせるわけではないし、悩む親がいなくなるわけではありません。保育士の人間関係もあります。生身の人間同士ですから、問題と思う出来事は日々、起こります。本来、信頼とか友好とか平和というものは、そのような環境のもとで築かれていくものですから。

彼女はその都度その都度、自分自身に向き合うように、相手にも自分に向き合わせてあげられるようになりました。本当の自立と、本当の愛を確立させた、慈愛をこの地上にもたらし続ける女性のひとりだと私は思って、心から信頼し、敬愛しています。

傷ついたことが人を救う

講座はただ単に人間関係を伝えるのではなく、その人の人生に関わらせてもらうことになります。

痛恨のミスからかけがえのない心の友になった白数さん、うつ病を克服でき自分の人生を取り戻した笹治さん、子育てに悩んで孤独な時、大泣きして子ども事業を興した舞ちゃん……誰のエピソードも、すべてがその人の傷ついたことや悩みや悲しみを乗り越え、喜び、愛、感謝が生み出されています。

苦悩、そこから、それぞれの方法で立ち直り、自分らしさを取り戻して、今はみんな「同じように悩んでいる人を救いたい」「この気づきを提供できるなら。救われる人が増えるなら」と思ってくださっています。

人は傷ついたもので人を救う。

傷ついて立ち上がった経験こそ、将来の生きる力、糧になります。が、それだけではなく、いつか誰かを救うための、大切な意味のある経験だと思っています。

体感こそ手助けなり。体感は最高の手助けなれ。

誰かを救う天命や使命は悩んだこと、傷ついたことから探すのも手かも知れないですから。

私たちはそういうことに気づきたくて、もしかしたら無意識に、あえて悩んだり、問題として捉えるようにしていく存在なのかもしれません。

とにもかくにも、人間って素晴らしい愛の存在だなぁと、このような方々の人生に関わらせてもらって、いつも、思います。

ありがたい幸せな生業を持たせてもらっています。感謝の至りです。

あとがき

最後まで本書を読んでいただき、誠にありがとうございます。


人は、なぜ生まれ、なぜ生きていくのか。

自分は何のために生まれてきたのか。

なにゆえに生きていかなければならないのか。

そのように悩んだ日々。悩むことすら避けていた日々。

暴力の絶えなかった日常と恐れの中で母と生きてきた幼児期から思春期までの日々。

強くなろう、しっかりしようと無意識ながら頑張り、強がり明るくふるまって生きてきた子どもの頃。愛を求めては虚しくなり、愛を与えたつもりで空回り……。

自分の生まれてきた意味、存在する価値、生きていく目的が見つからなかった若き頃。

自分であることに自信を無くし、何を信じてどこに向かっていけばよいのか、自分の人生にもわが子の人生にも心配と不安がいっぱいで苦悩した子育て。

思い起こせば、数多くの失敗と挫折、屈託の連続でした。

その私が、わが人生の一部を本に著すことができました。それは、私を理解し、信頼してくれる方達の支援や応援、尊敬する方達に出会えたおかげです。励まされ支えられ、今では自分の天命と信じられる道を歩んでいられることに喜びを感じています。

あの父とこの母の娘として生まれてきた私という人間を、私自身ようやく受け入れることができました。人生とは、自分にしか歩めないかけがえのないものであり、この世にふたりとはいない自分を大切にしたいと思えるようにもなりました。

命をかけて守ろう、人生をかけて果たそう、魂を込めて貫こうと思えるものに出会えた幸せを多くのありがたいご縁とともにかみしめています。

「ゆるせない」と思い続け「二度と会うまい」と心に決めていた実父をゆるせるようになったのも、自然の成りゆきでした。とはいっても、実父の行ったこと、実父にされたことをゆるせたわけではありません。それは、今でもゆるせていないように思います。

それでも、実父を「ゆるせた」のは、私という存在を喜んでくれる人がいて、ささやかながらでも人のお役にたつ今を感謝出来るようになったからにほかなりません。

人をゆるせたことで、ゆるせないと思っていた時の自分も受け入れられるようになりました。
ただひとつの無駄もなく、今の喜びと幸せと感謝につながるすべてに「ありがとう」と心から言申し上げたい、それが偽りない現在の心境です。
愛すること、愛されること、幸せをあきらめないで欲しいと、私と同じような悩みに苦しんだ人たちに伝えたいと思います。

私の知らない半生を生きた父の墓前に
「あなたも愛情がありながら、寂しく苦しい人生をおくったのでしょう。私たちのような親子が救われていくような世の中になるように、あなたから受け取った命を使い尽くしていくからね。子を想う心、親を想う心がすれ違うままにならない親子関係、愛する人と愛が伝わり合う平和な世の中をあなたから繋がった孫達に渡し、後生に残して行きたいから」
と、手を合わせて誓い祈ることもできるようになりました。

同じ人生は二つとなく、同じ人は二人といない。一人ひとりがかけがえのない存在なのだから、人はみな尊ぶべき愛おしいもの。人の本質は、愛と慈しみであり、それは宇宙の根本のエネルギーとつながっている、ということに人々が気づき人と人が結ばれていくことに私自身の人生を懸けていこうと思っています。


本書を著して、今、時の流れを子どもたちの成長で感じています。

娘、息子は世間では認められにくい生き方を、それでも自分らしい生き方として選びました。

そういった生き方をあえて選び、真の愛と幸せとは何かを気づかせてくれた娘と息子には、心から「ありがとう」と言いたいと思っています。

私の天職ともいえる生業への道を開いてくれたのはわが子たち。そして、それを支え続けてくれたのは、私を理解し信頼をして支えてくださった人たちです。

だからこそ、私に与えられた天命は志を持って果たしていこうと、今なお、学びの道を歩みながら、そう心しています。


人生には思いがけない奇跡が起こり、かつての決断に後悔がよぎることもあります。しかし、今の幸せは、過去の出来事に対してのひとつの決心・決断とその行動の延長にあるものです。

これからも、変わらず時は流れていきます。

家族やご縁ある大切な人たちと私の数年後、どうなっているのか、どうなっていたいのかを想いながら、自身を見つめ、あり方を考え、本質を求め行動し、今という命を大切に生きていきます。今は永遠の未来だから。


出版にあたり「その体験を本に書きなさい。本にしなさい」と背中を押しつつ推薦の序文を執筆してくださった村上和雄博士はこの本の生みの親の一人でもあります。感謝してもしきれませんが、本年4月に急逝されてしまい、本書をお渡しできなかったことが、心残りでなりません。あらためて、心からの感謝をこめて先生の墓前に捧げたいと思います。

いつもお支えお力添えくださっている村上百合子夫人、木村悠方子さん、制作に携わってくださった牧野出版の佐久間憲一社長、掲載へのご協力をくださった受講生さんたちをはじめ、多大なるご尽力をいただきました皆様方に心よりの感謝と御礼を申し上げます。

なお、本書に書きました事例ですが、一部に特定されないように匿名で表しているところがあります。ご理解をいただきますようお願いを申し上げます。

本書に綴りました内容、ゆるしの奇跡、愛の真実が、この本をお読みくださった方々の人生を照らす一筋の希望の光にでもなれるのであれば幸甚です。
そして、皆様の人生が、愛の心が通い合いおたがいを尊重し、調和する人間関係のもとに、平和で豊かに幸せでありますように心からお祈りしております。

江崎英子

令和三年　初夏　実家にて

江崎　英子　（えざき・えいこ）

人間関係の講座、セミナーの講師。講演家。

潜在意識・心理カウンセラー。コミュニケーショントレーナー。

みずからが「親業訓練講座」を受講し、2002年に親業訓練インストラクターとなる。

現在は、心理学、生命科学、精神分析学を基礎として、哲学や東洋思想、日本精神などを融合した人間関係の講座も開講している。

並行して、家庭・福祉、教育・子育て、医療・介護の現場や、企業、官公庁、病院、学校、施設などあらゆる現場で、講演、セミナー、カウンセリングを行っている。

個人が「自分を誇り、お互いを尊重し合う人間関係と人生に満足して、自分らしく生きる幸せを創造していく」人間関係影響力を波及させて活躍中。

それでもゆるせる私になりたい
——愛を求めた親と子がもがき続けた58年

2021年9月23日　初版発行

著　者　江崎英子
発行人　佐久間憲一
発行所　株式会社牧野出版
〒604－0063
京都市中京区二条油小路東入西大黒町318
電話 075-708-2016
ファックス（注文）075-708-7632
http://www.makinopb.com
印刷・製本　中央精版印刷株式会社

内容に関するお問い合わせ、ご感想は下記のアドレスにお送りください。
dokusha@makinopb.com
乱丁・落丁本は、ご面倒ですが小社宛にお送りください。
送料小社負担でお取り替えいたします。
 ISBN978-4-89500-238-7